老龄经济

党俊武_著

中信出版集团｜北京

图书在版编目（CIP）数据

老龄经济 / 党俊武著 . -- 北京：中信出版社，
2022.9（2025.1重印）
ISBN 978-7-5217-4618-1

I. ①老… II. ①党… III. ①人口老龄化 - 经济特征
- 研究 - 中国 IV . ① C924.24-05

中国版本图书馆 CIP 数据核字（2022）第 138328 号

老龄经济
著者： 党俊武
出版发行：中信出版集团股份有限公司
（北京市朝阳区东三环北路 27 号嘉铭中心 邮编 100020）
承印者： 北京通州皇家印刷厂

开本：787mm×1092mm 1/16 印张：17.5 字数：210 千字
版次：2022 年 9 月第 1 版 印次：2025 年 1 月第 4 次印刷
书号：ISBN 978-7-5217-4618-1
定价：79.00 元

前言

　　迈入老龄社会，是人类历史进程中具有重大转折意义的经济事件。普遍长寿的全面实现，是社会发展进入新经济时代的标志，也是未来经济生活中最具革命意义的动力源泉。

　　从本质上看，人类所经历的原始经济、农业经济和工业经济，主题始终围绕着生存问题而展开。而伴随知识经济的发展，我们迎来了老龄社会。老龄社会在某种意义上也是人们生存需求问题基本得到解决，发展问题成为历史主题的转折性标志。因此，从某种意义上讲，老龄社会的问题主要是解决了生存问题后的问题，包括三方面的需求：一是物质需求之上的精神（文化）需求，二是每个人的长寿全生命周期需求，三是人人普遍长寿之后形成的少年人口、中青年人口和老年人口构成的新的结构性需求。

　　面对这三方面的需求，特别是新的结构性需求，现代化经济体系需要从经济战略定位上做出对标性调整，现代化过程中的产业体系需要从宏观经济上做出调整，在现有产业结构的基础上，建构适应老龄社会，满足人人健康长寿和生命富有意义需求的新的产业体系，也就是本书所说的老龄经济产业体系。

　　现代化迎来了老龄社会，但老龄社会倒逼现代化进行重塑，其中，最根本的一条就是重塑经济，即向老龄经济转型，这是经济的重大转向。对于中国来说，我们需要立足本土，放眼全球，大力发展老龄经济，使现代化经济体系适应老龄社会的要求；从全球来说，人们需要打造老龄经济，使全球经济体系适应社会迈入普遍长寿时代的需要，为建设理想的老龄社会奠定永续发展的经济基础。是时候重新规划个人经济、家庭经济、企业经济、国家经济和国际经济的未来了。

老龄经济是新经济，离不开现代化过程中形成的金融经济、资本经济、实体经济、制造业经济，更需要服务经济和文化经济。近年来，许多人认为老龄产业是一片蓝海（这里所说的实际上还不是老龄产业，而是老年产业，在本书中称为小老龄产业）。中国老龄科学研究中心预测，中国是世界上老龄产业潜力最大的市场，预计2050年的产值将突破届时 GDP 的 1/3 以上。实际上，这是从全生命周期角度讲的老龄产业，也就是中老龄产业。如果从适应未来不可逆转，同时有巨大潜力的老龄社会需求来说，宏观经济下的整个产业体系，也就是大老龄产业的发展潜力更大。老龄经济不是在原有经济体系之上增加的新板块，从老龄社会长期发展来看，它是现代化之后经济的新结构。

虽然发达国家和发展中国家都面临步入老龄社会的共同命运，但是，发达国家由于提前完成了现代化，其经济形态正在面临根本重塑。相反，发展中国家，特别是像中国这样拥有人本文化传统的人口大国，尚未实现现代化，经济尚未完全定型。从长远来说，和成熟形态的物本经济相比，拥有人本文化传统且尚未完全定型的中国经济，在建设理想老龄社会要求的新的人本经济时，机会远远大于发达国家。

中国面临的老龄社会的历史性变迁现在才拉开序幕，前面的困难、风险乃至潜伏的危机不容忽视。实际上，从经济发展来说，中国老龄社会带来的新经济，不仅体量空前，而且创新空间巨大。可以预言，中国将是世界上老龄经济的最大实验场。发掘老龄经济的中国模式和中国智慧，不仅可以解决自身的问题，还将为全球老龄社会构建新的经济范式。

随着老龄社会的到来，人口结构发生了重大变化。那么，在这种情况下，经济会呈现什么形态？经济如何保持活力？经济如何持续发展？这些问题都需要站在积极应对人口老龄化国家战略的全局，从经济维度研究应对老龄社会的重大战略、重大制度、重大政策和重大业态等问题。

我们现在要做的，就是转变观念，从全球迈入老龄社会的人类命运共同体的高度，对经济进行新的思考。从全球各个国家，到各个经济组织，到各个家庭，到每个人，都要树立新经济思维，建构新的经济发展方式，积极行动，迎接老龄经济的到来。

本书分上下两篇，上篇第一至五章主要从宏观上讨论老龄经济大转向的背景、产业架构、市场动向和开发老龄经济的战略思路，下篇第六至十一章主要讨论构成老龄经济的各大产业中的重点领域和基本业态，最后第十二章讨论经济的未来框架。

目录

上篇　老龄经济

下篇　老龄产业

上篇
老龄经济

第一章
经济格局的转向

经济永远都在发明自身，永远在利用机会创造可能性，

永远在应对各种变化。 经济不是死的、静止的、

永恒的和完美的，恰恰相反，经济是活的、

永远处在变化之中的、有机的和充满活力的。

——［美］布莱恩·阿瑟

老龄经济的革命性在于，
它将把每一个人都塑造成为经济变局中的主动当事人，
让所有人在老龄社会活得健康长寿有意义。

经济的长远动向

经济中最活跃的因子是变化着的人

人是最活跃的，是经济发展的主体，也是经济发展的目的。当然，人还是经济发展的手段。但是，自从经济学成为一门系统化、理论化的学科体系，作为经济发展主体和目的的人就总被忽视，大多数研究者主要从人口数量以及生产者、消费者等角度来观察人。的确，在传统和现代经济学理论滥觞、成长、成熟的过程中，作为经济发展主体的人最突出的问题是数量庞大，而且鲜有其他更多的变化趋势，或者新的变化趋势没有引起经济学家的注意。所以，传统和现代经济学理论认为，劳动力可以无限供给，作为发展主体的人没有太大变化。但是现在这个主体不仅数量和年龄结构在变，一场深刻的结构性革命也正在悄然行进。

人是经济发展的目的，这一点也被大多数经济学家忽视。事实上，人不仅成为经济发展的手段，有些人甚至成为商品、货币的奴仆，人作为经济发展的主体和目的反而陷入客体和工具的"异化"

状态。人虽然是最重要的，但是，在主流经济学中，土地、货币、资本、技术、工艺、利润才是主题。我认为，这仍然是当代经济发展和经济学理论没有解决的一大难题。

重新审视当前的经济体系

从农业革命、工业革命至今，经济革命的标志主要被定格在生产工具、原材料、科学技术、工艺等方面，对于目前正在经历的老龄经济革命，这些方面依然是重要的标志，但我认为，已经不是最具革命性的方面。

在生产工具不断更新换代、科学技术日新月异、生产工艺日渐成熟并形成发达的现代经济体系下，经济发展由原来的解决温饱问题，创造物质财富，发生了彻底的改变。不仅改变了外部自然界，也彻底改变了发展经济的主体，即人本身发生了一场根本的、结构性变化。同时，变化了的人组成的社会也发生了前所未有的改变。这些改变从人口学意义上说，就是人口革命，表现为少子化和长寿化交互演化的人口老龄化；从社会哲学意义上说，就是社会形态的革命，也就是人类社会逐步迈入老龄社会，进入普遍长寿的新时代。

经济发展催生了老龄社会和长寿时代，老龄社会和长寿时代反过来又要求经济发展做出新的革命性转变。所以我们现在必须重新审视面临的经济发展问题：经济究竟是什么？在老龄社会和长寿时代，是不是可以一如既往地运用既有的方式组织经济？现有的经济发展方式能否应对老龄社会和长寿时代人类的永续发展？经济发展与人的发展和社会发展的关系究竟应当如何处理？

当前经济主体结构已变

过去，经济学主要关注土地、资本、技术、产值、成本和利润等。而现在，这些经济要素继续沉浮枯荣，但是作为经济主体的人的各项指标已经发生变化。

在18世纪中后期的工业革命以前，人口数量没有太大变化，出生率和死亡率都很高。而且，不仅出生的婴幼儿死亡率高，成年人的死亡率也同样高，活到老年期的人十分稀少，导致人口构成，也就是经济主体的构成基本上是年轻人口，老年人口少得可怜，基本上维持在总人口的4%以下。在这种经济主体结构中，社会经济组织、发展方式主要针对青壮年人口。这也是传统和现代经济学的基本前提。

工业革命以来，特别是以工业化和城市化推动的现代化的快速推进，经济发展的主体结构发生了深刻变化，这就是所谓"人口革命"，先是死亡率下降而出生率一如既往，导致人口膨胀，即所谓"人口炸弹"；后来是出生率下降，人口总量减少，以至于演变成为今天的"人口老龄化"，出生率和死亡率同时下降，甚至出现人口负增长（如日本）。1950年，全球0~14岁少儿人口、15~59岁劳动年龄人口和60岁以上老年人口占总人口比重分别是34%、58%和8%；2000年，这一数字变成30%、60%和10%；预计2050年，全球三大年龄人群的构成将分别是21%、58%和21%，少儿人口和老年人口大体持平；预计2100年，全球三大年龄人群的构成将分别是18%、54%和28%。这说明，作为经济发展主体的人的年龄构成将发生史无前例的历史性转变。

与此同时，人口高龄化现象势不可当。一方面，高龄老年人口不断增长。2000年，全球80岁以上老年人口占世界总人口的1.17%，预计到2100年占比将达到17.27%。另一方面，人口平均预期寿命大幅延长，宣告人类普遍长寿的时代正在快步到来。2000年，全球人口平均预期寿命已经达到67岁，预计2050年将达到77岁，2100

年突破 80 岁已成定局。2000 年，全球 60 岁以上老年人口突破 10%，标志着全球进入老龄社会。目前，全球进入长寿时代初期阶段。但从区域来看，发达国家 20 世纪上半叶陆续步入长寿时代，已经有 80 年甚至更长时间的长寿社会历史。中国在 1999 年才真正迈入长寿时代，当年人口平均预期寿命为 71 岁，预计 2050 年将突破 85 岁。[①]

伴随普遍长寿时代的来临，人们的就业准备期和老年期同时在不断延长。一方面，随着教育制度的发展，大多数人的就业准备期一直在延长。过去中学毕业便就业了，再后来大多数都是大学毕业之后才就业，现在硕士毕业生就业年龄已经到了 25 岁左右。如果是博士毕业生，就业准备期就更长了。另一方面，老年期伴随寿命延长也在不断拉长。预计到 2100 年，目前最长寿的国家日本，其人口平均预期寿命将达到 93 岁以上，欧洲国家人口平均预期寿命也将达到 89 岁以上。发展中国家的差距正在快速缩减，到 2100 年，亚洲地区人口平均预期寿命将达到 83 岁以上，非洲地区人口平均预期寿命也将达到 78 岁以上，分别与欧洲地区人口只相差了 6 岁和 10 岁左右。

如果考察老年人口的平均余寿，老年期延长的情况就更加显著了。目前，日本 60 岁老年人口的平均余寿超过 25 年，已经与硕士毕业生的年龄相当，预计到 2050 年将达到 30 年，到 21 世纪末还会延长。总体来看，就业准备期已经基本稳定，但老年期还在不断延长。中国的情况也是如此，目前，中国 60 岁老年人口的平均余寿已经超过 19 年，预计到 2050 年将提高到 27 年以上，21 世纪末还将进一步

---

① 资料来源：United Nations，World Population Prospects：The 2019 Revision ［R］.

　　　　　　　　老龄经济

延长，老年期超过就业准备期的态势指日可待。

从经济学意义上说，以上人口构成、平均余寿等指标的巨变，既是重大的人口结构变革，更是未来经济发展主体的结构性变革。这不仅会改变经济发展的方式，也将彻底改变传统和现代经济学理论的基本前提。实际上，西方主流经济学理论已经不能完全解释当前和未来的经济现象，其关注重点也必将随之改变。

宏观经济变局已经展开

需求结构和层次的变迁

在向老龄社会的转变过程中，随着经济发展主体及其结构的重大改变，经济也必然发生变革，集中体现在经济需求方面。

首先是需求结构的变迁。需求是经济动力的源泉。以前，经济需求的主体主要是年轻人口，老年人口的需求在经济大盘中占比较低。进入老龄社会后，随着少子化和长寿化程度的加深，不断减少的年轻人口经济需求和持续增长的老年人口经济需求，不仅会影响宏观经济总量变动，更重要的是，这将改变社会历史中经济需求的结构。从需求是经济发展的动力源泉来说，经济需求结构的这一转变是全局性的，也是革命性的，不能仅从量变的角度去理解。

其次是需求层次的变迁。随着老龄社会的到来，经济需求更加向发展型需求转变，同时，意义型或价值型需求日益凸显。随着寿命延长，人们有了更多闲暇来实现自己更高层次的愿望。到了老龄社会，人们的经济需求普遍从温饱型向发展型和意义型转变，也有了现实的可能性。

再次是经济发展主导性的变迁。以前的物质稀缺经济，从需求性质上来说是刚性经济。在这种情况下，经济发展的主导性不在需求方，而在于供给方及其生产供给能力，经济呈现为供方经济，在市场运行上表现为卖方市场占据主导地位。到了老龄社会，人们需求的刚性水平下降，弹性需求提升，伴随生产能力的大幅提升，物质资源的稀缺性随着富裕水平的提升，逐步被新的稀缺性替代。在这种情况下，经济的主导性逐步向需求方演变，经济也呈现为需方经济，在市场运行上表现为买方市场占据主导地位。

最后是经济本体性特征的变迁。现有经济形态从类别上看，历史上都存在过，例如物质经济和非物质经济。进入物质水平更高的老龄社会，非物质经济需求日益旺盛。而且，在物质经济不断繁荣特别是大多数人温饱问题已经解决的基础上，非物质经济需求的满足逐渐向主流化和大众化方向转变。虽然短期来看，这一特征还不显著，但可以预见，随着老龄社会向超老龄社会的深度演变，随着物质经济的进一步繁盛，非物质经济需求主导经济将成为未来经济的突出特征，这也是经济从物质稀缺经济逐步演变为知识、智慧、技术、文化、健康、服务等资源稀缺的新稀缺经济的原因。从本质上说，这就是经济本体性的转变。

供给结构的转变

在经济需求变革的同时，我们也要关注供给格局在结构上的嬗变。

目前，从主攻方向来说，我们虽然应当顺着老龄产业的方向寻找老龄经济的突破口，但要全面研究作为新经济的老龄经济，还要看看哪些产业是朝阳产业，哪些正成为夕阳产业，背后的原因是什么，以及还能维持多长时间。换言之，我们要从整个经济格局的变动上把握老龄经济。对于从事老龄经济的企业家来说，就是要把握并处理好产业转换节奏。从这个意义上说，那些继续做传统产业又观望老龄产业的企业是理性的。贸然大举进军肯定是错误的，不过，仅仅观望而不试水，虽然不乏理性，但也近乎消极。因为变化已经显现，先机正在呈现。未来的赛道虽然还远未收窄，但把握先机的重要性不言自明。

首先，要看到第一产业正在全面升级。无论农业林业还是牧业渔业，在未来经济中的基础性地位不可更改。老龄社会的到来，特别是长寿时代的健康刚需，会使第一产业面临新的发展机遇，这也是未来老龄经济中的增长板块，更是未来经济可以有所作为的产业领域。目前第一产业走下行路线的方向将会在未来经济中走上行路线，这是未来经济格局的第一大变局。当然，衡量上行的标准绝非产值这一个指标。例如，像一些国家那样过度依赖化肥和除草剂并对土壤造成深刻戕害的农业发展方式，就需要摒弃。我们要考量产值、成本等表内收益，更要考量表外健康收益，特别是付出代价的长期后果。

其次，要关注第二产业正在全线革新。和工业革命早期相比，目前的第二产业已经今非昔比。仅仅从制造业来看，第二产业历经升级换代，向智能制造转换。随着信息化、数字化、智能化，特别是全球环境治理要求的绿色和"碳达峰"要求，第二产业未来的变局势不可当。从长远看，特别是从老龄社会的经济需求看，第二产业的未来走向难以用上行下行来测度。如果没有老龄社会的到来，仅仅技术革新既可能在产值上引发第二产业走上行路线，也可能走下行路线，问题在于全球产业的变局。从总体来看，老龄经济作为人本经济，虽然更符合人们的内生需要，但必须建立在物质经济的基础上，第二产业未来的走向也值得我们重新看待。需要强调的是，现在从事老龄产业的人大多在服务、医疗、健康、文化等领域，对第二产业或者对老龄制造业十分陌生，传统制造业企业又不了解老龄经济，这是不利于老龄经济发展的。无论如何，没有制造业，老龄经济就会缺乏真正的实体经济的支撑。

最后，要关切第三产业正在全域扩张，并打破现有的产业思维和产业框架。如果从现有产业观来考察，第三产业似乎包罗万象，边界最为模糊，但实际上，产业发展太快，现有产业框架已经无法包容。其中，非物质生产部门的经济日益凸显，不仅产值快速增长，而且不断颠覆许多具体行业的发展方式和存在形态。客观地说，仅仅技术革新就会造成第三产业结构内部级联式变迁，而且第三产业融入第一、二产业的趋势又势不可当，更不用说作为产业原动力的老龄社会的强大需求带来的结构性转变。总之，第三产业的内生性变动正在打破现有的产业思维和产业框架。从长远看，仅仅老龄社会的新的经济需求，也会改变现有第三产业的供给格局。

事实上，经济产业供给格局一直在变化并呈现加速发展的趋势。从现在开始到 100 年后，未来全球实质性进入老龄社会，其产业供给格局难以描画，但大转变的趋势不可逆转。这是考量未来经济产业供给格局问题的基本趋势性思维。

对此，需要我们转变观念，逐步建构适应老龄社会要求的新的产业划分理论及指标体系。

金融体系的调整

随着老龄社会和长寿时代的到来，发展长钱金融的条件日益成熟。目前，美国第一、二、三支柱养老金高达 35 万亿美元，占 GDP 的 167%。美国金融体系更接近老龄社会的要求。客观地说，我认为，美国的金融体系虽不是未来老龄社会最理想的金融体系的范本，但某种程度上也是对未来老龄社会理想金融体系的某种预演和实践。

实际上，发达国家金融体系中长期投资一直呈现增长趋势。金融体系也越来越关注长期投资，即长钱金融的发展，这也是金融产业适应老龄社会到来的具体表现。

随着老龄社会的演进，中国人口平均预期寿命的不断延长，如何安排全生命周期的生活，既不能单单靠养儿防老，也不能光靠房子，合理的养老规划就是通过长钱金融，为越来越长的全生命周期做好金融准备，确保年轻时多存钱，年老时有钱花。这既是中国今后金融体系演进的总方向和总逻辑，也是全球迈向老龄社会进程中的不二选择。因此，从长远看，全球金融未来的主攻方向非常明确，即全面发展适应长寿时代的老龄金融产业，进一步从战略上使金融体系适应老龄社会的客观要求。

目前，中国第一、二、三支柱养老金为 10.2 万亿元，占 GDP 的 10%，而全球各类养老金占全球 GDP 比重高达 70%。截至 2020 年年底，中国境内住户存款为 93.43 万亿元。另外，从保险来看，2020 年中国保险深度和保险密度分别为 4.45% 和 3 233 元（2019 年全球排名第 46 名和第 38 名）。所以我们的金融产业和金融体系向长钱金融的发展还有很大空间。从长远看，老龄金融正在成为发展的主要方向。逐步建构适应老龄社会和超老龄社会的金融体系，将是未来中国金融产业的大变局，并对全球金融和全球经济产生深刻的影响。

综前所述，如何融合实体经济谋求长远发展，才是未来老龄金融产业的重中之重。我认为，在老龄社会，规模庞大的长钱资本池融合实体经济，将降低长钱短做和金融体系内循环的风险，同时抵御系统性金融风险。我们必须走出一条老龄金融融合实体经济的发展之路。

总之，未来全球金融体系将发生深刻转变：一是长钱金融的发展,再是金融从经济和产业核心转变为经济和产业的工具技术体系。换言之,以长钱金融为核心的老龄金融,必须融合实体经济才能获得长期生命力。

公共财税结构的改革

公共财税问题始终是治国理政的核心问题之一,也是关系现代国家宏观经济调控的重大问题,更是政府必须面对的重大问题。发达国家自从进入老龄社会以来,其公共财税体系都面临着重大挑战,一些国家甚至面临着严重赤字,还有的引发主权债务问题以致政治危机和社会动荡。背后的根本原因之一就是人口老龄化的巨大压力。在人口不断老龄化甚至高龄化的压力下,加上人口负增长的放大性重压,年轻人口的减少实质上也意味着纳税人口的减少,而老年人口的不断增多也意味着用税人口的增多,在宏观经济动力不足的情况下,这两方面的共同作用导致公共财税体系面临的挑战与日俱增。事实上,人口老龄化已经成为发达国家最棘手的问题之一。

目前发达国家公共财税体系所陷入的困局,成为后发老龄社会国家的前车之鉴。对于中国来说,由于经济内生活力旺盛,老龄社会尚处于初期阶段,公共财税体系处理相关问题的空间较大。但是,从长远来说,尚不完善的养老、医疗保障体系的财务压力正在显现,建立新的长期照护社会保障制度的潜在财务压力,导致这项制度试水缓慢。

简言之,从已经迈入老龄社会国家的实践看,如何构建适应老龄社会的公共财税体系,是未来所有国家治国理政都要解决的重大问题,不仅影响国家的经济格局,其间隐含的国际风险问题也值得高度重视。一言以蔽之,公共财税问题既是经济问题,也是政治问题，在全球化的背景下，它更是国际经济和国际政治问题。

微观经济转向近在眼前

个人全生命周期经济安排的迫切需要

个人全生命周期的生活问题首先是一个经济问题。随着老龄社会的到来，我们每个人都必须有全生命周期的时间经济概念。否则，漫长的人生，特别是未来日益延长的老年期人生质量，将无从着落。

我们已经进入老龄社会，迈入长寿时代，需要用新的观念、新的视角，来看待经济和人生问题。

从某种意义上说，人人长寿带来的长寿经济乃至老龄经济，并不是给原有经济增加一个新的板块，而是会重塑原有经济观念。人人都会长寿，人人都要从全生命周期考量自己的经济安排。对此，不仅企业界应当更新观念、重新审视，而且迈入老龄社会的所有国家应当将老龄经济作为重大议题看待，当然这也是我们今天和今后考量微观经济的重要基点。

家庭生命周期经济安排需要长远考量

现在，对于家庭而言，尽管有失业、疾病、养老以及长期照护等社会保障制度，但它们只能解决基本需求问题，要想有更高的生活品质，每个家庭都需要做出长期的经济安排。孩子出生、上学、结婚、就业甚至创业，赡养老人，同时还要充分做好自己的老年期各项准备特别是金融准备。此外，家庭还要考虑住房、交通、旅游等方方面面的消费。

这些消费是每个家庭的需要，也是经济的动力所在。

企业面临重大抉择

进入老龄社会，经济发展主体结构转变，经济需求结构调整，经济供给结构转型，这些都加大了经济下行的压力，大多数行业都面临重新选择的难题。目前所从事的行业究竟还能持续多久？将来从事什么行业更具前景？企业应当做何战略调整和战略安排？这些几乎是所有企业都要考量的经营战略问题。

从中国企业来看，传统产业几乎都面临重新选择的难题。进入21世纪，房地产、互联网等领域的大多数企业纷纷布局以健康、养老为代表的老龄产业。除了实体经济部门，金融机构也大举进军老龄产业，形成推动老龄产业投资热的重要力量。这些情况说明，企业在维持或者扩展传统业务的同时，已经认识到这些老龄产业作为朝阳产业将成为新的战略投资方向。

但是，产业转型不是一件容易的事情。自从老龄产业成为投资热，许多企业高调涌入，但是运营举步维艰。这说明，进入新的投资领域不是简单地做买卖，这背后的选择需要多方面的考量。

老龄经济伴随老龄社会的深度推进，前景无须多言。企业如何选择？传统企业如何转型？进入老龄经济轨道的新兴企业如何走好最关键的第一步？这些问题是悬在未来主攻老龄经济方向的企业家头脑中的第一大战略课题，也是引领未来新经济的决策人士的重要关注点。

第二章
老龄经济呼之欲出

在人类历史上存在着和古生物学中一样的情形。
由于某种判断的盲目性，甚至最杰出的人物也会根本
看不到眼前的事物。 后来，到了一定的时候，
人们就惊奇地发现，从前没有看到的东西
现在到处都露出自己的痕迹。

——［德］卡尔·马克思

老龄经济不等于银发经济。
如果仅从老年人口增多这一狭隘维度看经济，
容易导致视野收窄，
无法发现更加广阔的经济发展空间。

老龄经济不是银发经济

老龄经济正在全面酝酿

老龄经济不是老年经济，也不仅仅是"银发经济"。我认为，目前提出的"银色经济""银光经济""银发经济"，都是从老年人口增多这一狭隘维度看经济，容易导致经济视野收窄，不仅难以发现老龄社会到来隐含的系统性风险，也难以发现广阔的经济发展空间。

简单来说，老龄经济就是老龄社会的经济。具体来说，老龄经济宏观上是指与老龄社会相适应的新经济形态、新经济结构、新经济发展方式、新经济体系的总和；中观上是指在老龄社会围绕全生命周期需求的产业体系；微观上是指在老龄社会生命处于漫长老年期的经济需求与供给体系，也可以称为老年经济、银发经济。

理解老龄经济，我们不能仅从现有的老年人理财、健康管理、看病、照料护理以及相关用品和服务需求的增量和结构出发，不能仅从老年人有没有钱、愿不愿意花钱等购买力出发，也不能仅从老年人旅游、休闲、养生、教育、文化、运动等需求出发，更不能简单地从老年人子女的支付力以及养老、医疗和长期照护社会保障费用、公共财税体系出发，而是要站位于新经济，回到经济发展历史，甚至人类社会历史，运用经济理论思维，分析老龄社会到来以后在经济上产生的级联式、结构性复杂经济效应，从整体上重新认识经济历史，重塑我们对未来经济的观念。归根结底，老龄社会是一个新的社会形态，这种新形态不仅改变整个社会发展的基本格局，在经济发展上也将产生系统性巨变。

回顾人类社会历史，对发展产生全面、深刻、持久影响的因素，除了自然因素，人为因素依次是军事、政治、经济、科技、人口和文化。军事如大规模战争对发展的影响直接而具有系统性，但持续时间有限，政治如政治革命对发展的影响是划时代的，经济如产业革命对发展的影响是翻天覆地的，科技如科技革命对发展的影响也是转折性的。不过，军事、政治、经济、科技这四个因素对发展的影响都有一定的时间范围，我们为什么重视这四个因素，主要还因为它们每隔一段时间就有变动。相反，人口因素就不同了，它的变动性相对较弱。文化因素是最稳定的因素，虽然表层文化一直都在变动不息，但内生性的深层文化一般难以改变，例如中国人的家庭文化。接下来，我们重点分析人口与经济发展的关系。

老龄经济下，我们需要转换理论思维，从新的视角看待人口与经济发展问题。

人口与经济发展的关系

我们需要引入一个重要概念——需求。经济之所以发展，源头在于需求。没有需求，供给就是无源之水。但是，这一结论需要从两个层面来理解。第一层面，从生产能力不足的条件来看，经济需求的释放不在于需求本身，而在于生产能力。从这个意义上说，经济需求是经济发展的原动力，而生产能力是直接动力。这是生产能力不足情况下的经济真相，也是供给经济的真相，还是卖方市场的真相。这种经济可以称为"生产力经济"或者"供给经济"。第二层面，从生产能力充分的条件来看，经济需求的释放在于需求方的选择，而不在于生产能力。从这个意义上说，经济需求既是原动力，也是直接动力。这是生产能力充分情况下的经济真相，也是需求经济的真相，还是买方市场的真相。这种经济可以称为"需求经济"。现在，步入老龄社会的国家基本上属于生产能力充分的国家，甚至有些国家出现产能过剩的严峻情况。生产能力不是问题，但能不能卖得出去，却成了经济运行的核心问题所在。基于两种不同性质的经济，我们分析问题就不能一概而论，更不能用"供给经济"的逻辑来硬套"需求经济"的现实。

从复杂性理论来说，人口不是经济发展的决定性因素，但人口的需求却是经济发展的原动力，正是人口的需求，推动经济从简单形态，不断升级到复杂而高级的形态。在经济处于供给经济层次，人口需求需要通过生产能力这一环节释放经济动能，而一旦经济迈过供给经济进入需求经济层次，人口需求所蕴含的经济动能的释放，则主要取决于需求侧的选择。在这种情况下，供给侧的重点则不是供给方的安排，而取决于需求方的需求偏好、导向、结构及其变动。简言之，需求经济之所以被称为需求经济，关键在于如何满足需求。其中，新技术应用从某种程度上也可以带来新需求，但这种新需求的土壤却是人口的原初需求。人口需求作为经济需求不仅推动经济发展，也会塑造经济结构和经济发展方式。

所以说，一旦人口需求从传统社会形态转变为老龄社会形态，经济形态、结构和方式将会沿着一条新的逻辑来重新构建，这就是老龄经济的逻辑。老龄经济将伴随老龄社会新的人口需求不断成长，或将成为未来经济的主形态。

需要强调的是，仅仅是人口变动背后的人口需求的深刻变动，就会导致经济变迁，这是我们分析问题的一个基点，但不妨碍我们从技术、文化等多种角度去分析其中隐含的深刻经济变动。虽然还有很多问题需要深入研究，但有一点可以肯定，老龄经济是更为复杂的经济形态，需要我们以全新的视野来审视。

老龄经济的全球化

从老龄社会的新观念出发，站位经济发展，今后，一切经济行为都需要有老龄社会的考量。

从长远看，21世纪将是全球老龄经济全面发展的世纪。22世纪及以后，经济将全面转型为老龄经济，所有国家将成为老龄经济体。这是老龄社会传导给经济的革命性后果。与此同时，全球经济秩序将迎来新的全面整合，一个支撑人类长寿梦想的新经济将生发而出，给人们带来更高质量、全生命健康、长寿和有意义的生活。

近些年来，许多机构和学者测算未来老龄经济的潜在市场，但很多测算方案出发点都是老年人的消费需求，这无疑是单一口径的。但即使按此口径测算，如前所述，从目前到21世纪末，全球老年人口流量将多达56.8亿，相应的市场潜力也是相当惊人的。按照目前世界人口的分布格局，21世纪世界上最大的老龄经济市场是中国、印度和非洲大陆。从这个意义上说，考虑到老龄经济的全球化，未来的市场前景更值得期待。如果要从全口径，即从老龄经济的方方面面而不是仅仅从老年人需求考量，未来全球老龄经济的潜力将无法估量。如何理解老龄经济的未来潜力，除了数字，我们更需要用经济想象力来度量。

老龄经济的产业结构

老龄产业的含义

经济革命往往是从产业开始的，正是产业革命推动形成新的产业体系，进一步建构起新的经济形态及其体系。工业经济实际上是从纺织产业的变动开启的，老龄经济同样遵循这一逻辑。如何理解未来的老龄经济，关注产业变动，从中找到代表未来发展方向的线索，这是认识老龄经济的根本途径。为此，我们需要全视野历时性观察迈入老龄社会相应的产业变动，分析未来老龄产业的主攻方向和基本框架，进一步把握建基于老龄产业之上的老龄经济。

老龄产业是一个动态性的复合概念，包括三个层次。

第一层次是指整个产业体系。 任何社会形态都有其相适应的产业体系。从理论上来说，老龄产业首先是指适应老龄社会的整个产业体系。这是"大老龄产业"的含义，这里的"老龄"是指称产业所要支撑的老龄社会。一定的产业结构是与一定社会形态相适应的经济结构的产业表现。迈入老龄社会之后，在原有社会基础上建立起来的整个经济结构必然发生全局性转型，并转化升级为适应老龄社会的新的经济结构，从而建构起全新的产业结构。从全球来看，目前的整个产业结构尚处在转变之中，未来随着适应老龄社会的经济结构的完善，各个国家的产业结构将完全转变成为不同于之前的新的产业结构。

可以预见，未来的产业体系也将呈现新的形态，这既是产业变革的内在逻辑，更是发展的希望所在。在这种情况下，现在从宏观上谈论未来整个产业体系迈向适应老龄社会的形态不仅可以理解，而且这也正是提出广义老龄产业概念的重大价值。总之，虽然现有产业体系基于当前社会的需要，但未来的产业体系最终将过渡并提升到适应老龄社会要求的新的形态，至于路径、时间和具体样态将依不同国家的国情而有所差异。实际上，一些发达国家的产业结构已经在这一转变趋势上走在了前面。

第二层次是指围绕人们向老而生的全生命周期相关产品和服务的产业业态的总和。从理论上说，整个社会的产业应当覆盖从孕育、出生、婴幼儿、少年、青年、中年、壮年、老年、离世和身后事务安排等人的全生命周期。未来，人的寿命不断延长，几乎每个人的生命预期正在和将要发生巨大变化，人们不但要考虑加长了几十年的人生如何安排，而且更重要的是，在年轻时就要做好全方位的充分准备，从而形成老龄社会特有的全体成员全生命周期参与的共振效应，进而生成老龄社会以全生命周期安排为导向的新需要、新内容、新准备以及新运筹方式等新的生产消费趋势，并伴随一系列经济结构和社会制度安排等的完善，而衍生出新的产业需求。未来的方向就是，面向每一个人从生命孕育到终后安排的全生命周期做好连续性的产业安排，这就是新的老龄产业，也是未来经济结构和产业结构的大势，我们称之为"中老龄产业"。这里的"老龄"指称人的增龄或者个体老化过程，强调产业在全生命周期个体向老而生的准备性、持续性和善终性，强调不能把老年期和前老年期断然分割进行产业安排。

第三层次是指围绕漫长老年期人们的需求而衍生的相关产品和服务的产业业态的总和。这是一个很容易引起误解的概念。随着老龄社会的到来，特别是老年人口的大幅增长，我们最先看到的产业需求就是进入老年期的规模性人群产生的产业需求。当然，产业的发展也应当涵盖进入老年期人们的一系列新的需求。这基本也就是"老年产业""养老产业""养老服务业"这些提法的缘由，它们在客观上是存在的，但片面在于没有考虑一个人的全生命周期。实际上，老年期的许多问题是前老年期问题的延续和加剧。因此，我们称之为"小老龄产业"。这里的"老龄"指称已经进入老年期的人的需求衍生出来的产业结构。实际上，现在中国大多数企业经营的是小老龄产业。

老龄产业的架构和业态

进入老龄社会，产业体系也将同步发生历史性转变，形成适应老龄社会的新的产业体系。从面向老年期的产业架构，经由基于全生命周期的连续性产业架构，实现新产业架构的转型，形成适应老龄社会的新的产业体系。

在老龄社会初级阶段，老龄产业新形态与传统产业形态相互交织，但我认为，老龄产业内在的革命性将对传统产业进行革新，并建构形成适应老龄社会高级阶段的全新经济产业体系。当前，我们主要探讨长寿时代全生命周期视野下个体向老而生的准备性、持续性和善终性需求而衍生的老龄产业，这既是未来适应老龄社会经济体系的产业形态的基石，也是传统产业转型发展的根本导向。

具体说，中国特色的老龄产业主要是指面向全体公民老年期，提供准备性、持续性和善终性的产品和服务的各相关产业部门的总称，包括三个层次六大板块：**顶层是老龄文化产业**，主要是为全生命周期生活提供精神引领的产业，既有产品也有服务，但内含的文化精神是人生价值和符合老龄社会、长寿时代的要求，并贯穿于其他产业板块。如果没有文化引领，老龄产业就是无法体现新经济精神的产品和服务，这是目前老龄产业发展面临的一个关系产业发展层次的问题。可以说，文化的引领，精神层次的满足，可以界定老龄产业为成就人的意义、建构人的价值的新产业。

中层是物质和服务保障类产业，包括老龄金融产业、老龄制造产业或者老龄用品产业（包括第一产业相应产品生产加工产业、第二产业相应产品即老龄制造业和老龄智能产业）、老龄服务产业和老龄宜居产业（包含老龄房地产业）。其中，老龄制造产业、老龄服务产业和老龄宜居产业主要是面向前老年期人群（主要是青壮年人群）和老年期人群提供相应产品和服务，而老龄金融产业除了面向老年期人群提供相应金融服务（如老年金融规划、老年理财服务等），还面向年轻人群提供老年期金融准备的相应服务。由此可见，老龄产业不等同于老年产业，它的层次、范围以及相应产品和服务体系远远超出老年期人群需求的边界，这也正是我国界定老龄产业的立意所在。对此，需要从事老龄产业的全行业人士走出老人圈，从老龄社会和长寿时代人们的全生命周期安排来把握未来新生的产业体系。

底层是老龄健康产业，主要是为全生命周期生活提供健康支持的产业，核心是发展老龄健康产业，即坚持中西医平等差异化发展原则（即中西医平等发展、预防与治疗并重、发挥中西医各自优势），吸收世界各民族传统健康医疗成果，发展体现中国特色、中国智慧和中国道路的新中医，旨在从根本上改变传统健康医疗卫生体系，构建适应老龄社会和长寿时代要求的健康医疗卫生体系，这是实现低成本应对老龄社会的基础性产业战略，既是国内产业战略，又是国际产业战略。如果没有这一产业基础，我们不仅会浪费祖先留给我们的产业资源，而且更重要的是，如果坚持西医为主的医药理念，未来我们的老龄社会将会面临医疗卫生资源紧缺挑战。这是中国老龄产业的基本前提，也是长寿时代所要求的超越于传统中医和西医之上的新产业。

对于老龄产业的框架，我们也可以从不同角度进行研究，以逼近老龄产业运行的实际状况，例如按产品和服务进行分类，按产业链条或产业形态进行分类，等等。这也是今后研究老龄产业的重要方向。例如，按照信息化、数字化和智能化程度可以把老龄产业分为传统产业和智能老龄产业，按照技术、资本和劳动力密集程度以及按照实体经济和虚拟经济对老龄产业做进一步的细分，等等。

目前市场实践中的消费养老、金融养老、旅居养老、地产养老、抱团养老以及康养产业、艺术养生养老、农业观光养老等，大都是老龄产业基本要素组合出来的具体业态。我们既要研究把握老龄产业的具体要素、基本框架，更要探索老龄产业发展的具体业态，从中摸索商业规律和经济规律，走出一条中国特色老龄产业的发展道路。现在的问题是，我们在老龄产业理论上思路不够全面，虽然在具体业态的探索上比较活跃，但没有打通各产业板块，初具发展局面但产业实效总体上还不明显，需要厘清产业要素、框架，立足实际，探索稳步发展、成长性好的业态。

老龄产业的基本特征

自产业革命以来，从来没有哪个产业像老龄产业一般复杂多样，边界难寻，既紧密关乎实体经济又敏感攸关金融经济，既关联线上经济又事关线下经济，既严格要求物质和服务资源的优化配置又高度依赖精神和文化价值的导向引领，实践起来也不无难度，有些从业者甚至发出"老龄产业留不住企业家"的感慨。实际上，这正是老龄产业作为新经济给人们的感性认知。不过，理性地看，我们可以从以下方面来理解把握。

第一，老龄产业是面向人的全生命周期的基础性、发展性和意义性需求，综合打造供应链的产业。老龄经济既是生活经济又是生命经济，覆盖的客户群体既有年轻人口（比如需要做老年期金融准备的年轻人口，需要使用抗衰老、保健产品的中壮年人口），更有老年人口。从生活经济来说，老龄产业供给主要解决人的生存需求，其基础性毋庸置疑。从生命经济来说，随着人们普遍进入长寿时代，旨在提升生命品质的老龄产业供给更需要考量客群的发展性需求和意义性预期。激动人心的是，生命经济供给的高回报性值得期待。现在的问题在于，我国正处于向老龄社会的转型过程，经济社会发展水平与人口年龄结构的老龄化还在逐步协调匹配。在转型阶段，分清客群对象，提供对应产业供给，防止供给错配，即防止把生命经济的产业供给提供给生活经济的需求者，或者相反，这是当前发展老龄产业的难点之一，也是目前老龄产业供应链难以有效形成的重要原因。

第二，老龄产业不是简单地面向刚性需求打造供给链，而是既要甄别刚性需求，还要培育刚性需求，既把直接供给和创造供给结合起来，也把直接终端供给和产业内行业间的间接供给结合起来。老龄产业作为全生命周期产业，覆盖人群广泛，需求层次复杂。更重要的是，老龄产业尚处于起步阶段，需方真正需要什么有待培育，供方应当供给什么需要发现，更需要创新设计和引领，供需两端真正做到两相匹配，还需要长期深度磨合，这也是当前老龄产业发展面临诸多困难的重要原因。从产业发展来说，目前的产业供给主要发生在供方和需方之间，即产业直接需求，只有当供方之间的供需链条（如老龄服务商与老龄用品设施、设备、耗材制造商之间的供给需求链条，就像汽车制造商与各种零部件制造商以及精密仪器制造商等之间的链条关系），即产业间接需求形成（目前的规模效应不显著），老龄产业才能走上真正的快车道，这也是老龄产业发展成熟的重要标志。可以预见，尽管困难重重，在不久的将来，中国老龄产业各板块的各类供给端之间的上中下游将会清晰可现，中国老龄产业将出现全球规模最为庞大的供应链。

第三，老龄产业是具有连续性、成长性、高黏性和规模性的产业，需要供给方按持久战理念设计商业战略。老龄产业供给的连续性源于需求的连续性。从个体来说，人生本质上就是一个向老而生的生命历程。随着生命时间向老年阶段推移，特别是从中年阶段开始，人的向老需求的连续性更加突出。从人口结构的整体来说，人口老龄化，特别是人口高龄化的不可逆性，保障了老龄产业需求的连续性。同时，这种连续性加上中国人口的规模性，决定了中国老龄产业在需求上的规模性。而经济社会发展的长期发展潜力、居民美好生活不断升级的预期，特别是加长了的老年期的生活和生命品质的新期待，都决定了老龄产业需求的成长性。至于需求的黏性，这主要是基于客户需求的年龄特征。中老年人的消费黏性虽构建困难且相对较慢，但一旦形成黏性，便比较稳定。这中间，既有社会心理的因素，更重要的是中老年人群的年龄因素。总体看，随着市场逐步转向适应老龄社会，消费群体中中老年客户总量和比重的双重上升，未来老龄产业供给上的连续性和规模性将得到保障。而问题在于，老龄产业企业如何针对需求探索自身发展的成长性，关键在于以耐心和智慧打通消费者黏性的关口。

第四，老龄产业是弱经济周期性和强抗经济波动性的产业。老龄产业的产业性质在经济向上运行时并不凸显，但到了经济下行甚至经济危机时期就可以看得十分清晰。几十年来全球老龄产业的实践证明，宏观经济运行欠佳时，产业的产品和服务大多集中在民生日用方面，即便是上游的原材料或者中游的机械制造等产品也和民生日用相关。由此可以看出，老龄产业具有较强的抗经济波动性。例如，发达国家老龄服务机构往往在经济下行时招人容易，而经济上行时招人比较困难。所以，老龄产业因关系民生日用，刚性强，整体上受经济波动性影响较小，呈现出较弱的周期性。这也是发达国家近些年来大力发展老龄产业的一个重要原因。这一点对于未来中国经济发展具有重大参考价值。可以预见，随着中国经济体量增大，保持经济体系的稳定日益重要。在这一背景下，发展老龄产业不仅有利于应对老龄社会，更有利于保持宏观经济运行的持续稳定。

第五，老龄产业供给是专业性与非专业性相配合、低技术和高技术相交叉、劳动密集和资本密集相结合、物质生活需求和精神生命需求相混融的多层次、多领域、综合性产业。老龄产业不仅仅是若干老龄服务机构（养老院）等零星树木，而是一片涉及土地、金融、技术、人力资本等所有产业要素的森林。老龄产业首先需要专业化的产业组织按照标准化的要求规范运作，因其密切关联老百姓的民生日用，需要个人、家庭、朋友以及邻里的配合，因而需要专业化组织和非专业化的客户群体配合运作，这就决定了老龄产业组织必须面向广大客户群体开展广泛产业宣传，以便协同运作。其次，老龄产业既有低技术产品和服务，也迫切需要高技术产品和服务，而且随着年轻人力资本的减少，中高技术甚至是智能化的老龄金融、老龄用品、老龄服务、老龄宜居产业的产品、服务和设施设备需求将越来越广泛。而且，低成本的智能化、高技术化是未来衡量老龄产业先进性的重要尺度。再次，老龄产业是劳动力密集的行业群，但它的资本密集性没有被广泛认知。这一观念需要转变，因为其关乎未来老龄产业发展的长期可持续性。老龄产业需要老龄金融这个重要工具技术体系来支撑，同时，也存在许多重资产，需要在未来的国家中长期专项规划中做出重要安排。最后，老龄产业不是冷冰冰的金融、产品和服务，既要满足客户的物质生活需求，更要以人文精神为引领，通过有意义的生命价值观引领下的消费，培育长寿时代的新客户、新居民和新生活方式，这是老龄产业的突出特征，也是老龄产业具有多层次、多领域和综合性特征的根由，需要老龄产业界全体人士逐步广泛认知并深刻把握。

备战未来经济

随着老龄社会的全球化，老龄经济的发展趋势不可逆转，也是未来经济发展新的历史性重大机遇，更是重新构建全球经济秩序的重大契机。

如前所述，从复杂性理论来说，影响发展的因素是方方面面的，但归结起来，人口是第一要素，科技是第二要素，文化是第三要素，最后是政治因素。对于经济发展来说，短期要看政治和科技，但长期则要看人口和文化。从未来经济的全球态势来看，老龄经济重建全球经济秩序的客观趋势已成定局，这不仅是因为人口老龄化的态势不可逆转，更重要的是老龄社会的新文化——老龄文化，将会长期锁定未来经济的方向，迫使它为人的全面自由发展服务，为人的生命尊严、生命价值和生命意义服务。同时，老龄经济和老龄文化这两种更为深刻的力量还会使迅猛发展的科技以人为本，引领未来政治家真正按老龄社会要求治国理政。

中国是超大规模的老龄社会，中国的老龄经济体量必然也是超大规模，这一点不仅引起国内各界高度关注，而且吸引诸多国外经济组织投资中国老龄经济领域。那么，我们应当做什么？哪些是将来要做的事情？哪些是下一步就要着手的事情？哪些事情当下就可以做？当下除了可以做的事情，还需要做什么准备？

老龄经济现在看来还不十分明晰，需要今后持续跟踪，否则，等到老龄经济的大潮来临，我们或将无可奈何。的确，这种现象过去曾经发生过，将来还会重复发生，本书的目的就是力图为避免这一现象提供线索。

近些年来，有的人认为，发达国家是老龄社会的先行国家，也是为老龄经济提供模板的国家。这种看法有一定道理。毕竟，先行者有可能成为先知者。但是，先行者也往往容易成为先驱者，这是经济领域的常态。老龄经济的革命是全球化背景下科学技术达到现代阶段，可以多元异域生发的经济革命。这场革命的总动力是社会转向老龄社会的内生力量。更重要的是，这场革命不仅仅是物质层面或生存经济层面的，它将深刻受到人的生命质量和精神价值等更高层面的牵动。这场经济革命不仅需要在科学技术等自然规律上有新的系统性突破，更需要在生命尊严、生命价值和生命意义等方面发挥引领作用。在这种情况下，由于各国的历史、文化、制度不同，特别是经济、社会所处的阶段不同，虽然都进入老龄社会，但各自面临的深层次经济革命具有独特性。何况，老龄经济的历史刚刚开启，前面的路还很长远。面向未来更长时段，各国老龄经济的形态可能具有巨大差异。所以，大家都是学生，发达国家仅仅是先行一步。至于中国情况就更加复杂，一方面，我们还有未完成的任务；另一方面，现在又面临老龄社会新的经济任务。我们要做的，除了充分借鉴其他国家的经验，主要是根据超大规模国家模型下发展超大规模的老龄经济，走自己的路。迄今为止，发展老龄经济还没有完全成功的模板。这也是新经济新产业起步阶段的突出特征，也是我们必须做好充分准备的重要理由。

第三章
把握老龄经济之道

甚爱必大费，多藏必厚亡。

故知足不辱，知止不殆，可以长久。

——老子

在长寿时代，发展老龄经济的关健，
就是造就一代又一代"新生命经济人"，
为他们提供新的观念、产品和服务。

老龄经济是复杂性经济

我把经济分为四个层面，即物质经济、服务经济、精神经济和媒介经济。物质经济主要发生在人与自然之间，核心是通过技术、工具等获取持续生存的物质资源；服务经济主要发生在人与人之间，核心是通过体力劳动的交换，获取生产性、生活性服务，生产性服务确保生产的持续进行，生活性服务确保人的日常生活；精神经济主要发生在人与人之间、人与经济组织之间、经济组织与经济组织甚至经济组织与国家之间、国家与国家之间，核心是智力劳动的交换，以精神产品为交换媒介；媒介经济主要是指交通、信息、技术、金融等形成的媒介经济。媒介经济没有独立性，必须依托于另外三种经济。

老龄经济是长寿准备经济

老龄经济是长寿时代的人本经济，既需要发展物质经济，满足人们的生存需求；又需要发展服务经济，满足人们的多元需求；也需要发展精神经济，满足人们的价值和意义需求；还需要发展媒介经济，为物质经济、服务经济和精神经济的循环提供条件。不过，老龄经济的根本是在总体上坚持以人为本，站位大多数人的利益，引领人们在创造物质财富、服务财富、精神财富和媒介财富的过程中实现人性升华，体验长寿生命的意义。

在长寿时代，人们开始高度关注身心健康问题，但还没有在经济上做好长寿的准备。这是未来经济发展中一直都要面对的观念问题和现实问题。不过，建立适应长寿时代的长期经济观念还需要一个过程，无论经济决策者还是企业界，都要重点关注解决这个问题。

长远看，我们正在向百岁人生迈进，老龄经济本质上是全生命周期的长期经济。从个体看，我们必须对从出生到死亡的整个全生命过程的经济问题做出长远安排。

从国家来看，更需要对国民普遍长寿做出长期经济和长期预算的战略安排。社会保障体系中的"长寿风险"问题，从某种意义上来说，就是政府没有提早针对国民普遍长寿现象进行长期经济和长期预算安排的结果。而且，这个问题不仅是经济问题，在有些国家已经演变成为重大的政治风险问题。可见，包括全生命长期经济问题在内的老龄经济问题，既是长寿时代的经济问题，同时也是政治问题。

从整体上看，老龄经济不仅是传统上简单的生产、消费、流通和交换问题，也是国家针对国民以及国民针对自己大幅延寿以后的新的经济安排问题。从某种意义上说，这种新的经济安排正在突破传统社会的经济框架，已经显现出新的要求和新的特征，也正在酝酿形成新的经济形态。这就是准备经济，也称延时经济。

在迈向普遍长寿的老龄社会的过程中，长寿引发的微观经济的变动虽然是静悄悄的，却是颠覆性的。首先，准备经济的发展空间越来越大，这也是现代经济的一个重要标志，更是老龄经济的一个重要特征。其次，大幅延长的寿命凸显的经济需求，正在挤压传统的遗产冲动。当然，人们遗产于后的经济意愿仍然存在，但现在的经济重心正转向为自己越来越长的寿命后期做好准备。这是具有转折意义的经济事件，将对经济发展产生长远影响。最后，金融观念的落地生根和金融技术的日新月异，也为长寿准备经济提供了可能。这正是后文将要探讨的老龄金融等相关重大经济问题。

老龄经济是生命友好型经济

面向生命友好，是老龄社会新的经济面向，也是应对人人普遍长寿的经济导向。换言之，老龄经济基本面向就是以人为本，关注人的生命质量，打造生命友好型长寿经济。

实际上，老龄经济在本质上是人的经济，需要从生命友好的基本面向来考量。我们的经济体系从研发、设计、生产，到流通、销售以及善后处理等，都应当将生命友好的基本面向贯穿其中，而对于从生命孕育到身后安排的处理等全生命历程中的连续性经济事件，也应当将生命友好的基本面向贯穿其中。儿童、青少年、中壮年以及老年，都是生命的不同阶段，不能从经济上隔断为儿童经济、青年经济、老年经济等。因此，老龄经济从全生命看，就是生命增龄过程衍生出来的经济。

老龄经济是新的经济结构

除了微观上的个体全生命维度，老龄经济还有更重要的另一面，即老龄经济还是一种新的经济结构。

首先，老龄经济是位阶更高的新经济结构。从需求结构来说，老龄社会的需求结构更为复杂。经济需求除了物质需求，服务需求占据越来越重要的地位，精神需求将占据引领地位，甚至会改变人们对物质需求的方向、方式和结构。换言之，老龄经济的需求，最根本的是精神需求的满足从附属性升级为引领性地位，并贯穿于物质需求和服务需求满足的全过程。同时，经济发展要考虑少儿、青壮年和老年人三大群体新的结构性需要，还要从全生命角度考量人们在不同生命阶段的经济需要，特别是老年期的准备需要和即时需要。未来的经济发展既要分化更要整合，经济发展不再是物质、资本、劳动力等生产要素的简单运筹。建基于这样一种新的需求结构，老龄社会的产业结构就需要重新设计调整，产业结构、经济体系也将呈现新的框架和新的业态。

其次，老龄经济是促进年龄结构适度的友好型经济。如前所述，老龄经济处处考量个体全生命的质量诉求，更关切经济主体结构的生态。年龄结构的老年型，是人类迈入老龄社会的必然趋势，但年龄结构不能过度老龄化，需要不断调整人口结构，以防止落入过度老龄化陷阱。从理论上说，老龄社会理想的人口应当是数量和年龄结构双重适度上的均衡发展，这样，在数量上不会对发展造成超载性影响，在年龄结构上可以把老龄化控制在适度阈限之内。不过，人口调整既要靠人口政策，更要靠经济驱动。但是又不能仅仅追求利润最大化，需要超出物本经济的藩篱，考量老龄经济的新指向，这也是老龄社会发展经济的重要面向，也是老龄经济的一个关键原则。

最后，老龄经济是十分艰难的经济重构过程。上一章我们已经从产业角度阐述了老龄经济的产业结构及其体系，也从产业角度说明了"老龄经济是一种新的经济结构"这一命题。如何顺利度过这一根本转型，是所有国家都要面对的问题：过渡型经济安排应当如何考量？转型后的经济安排应当如何设计？这些问题目前还没有十分明确的解决方案。此外，需要强调的是，老龄经济不仅是单个经济体的长寿经济，它还必须考量许多因素，例如区域经济与区域经济之间、国家集团之间在老龄社会的经济安排和竞合问题。

老龄经济是混合经济

经济当中许多事情是混合的，很难界分彼此。实际上，老龄经济也是一种多要素相互缠绕的混合经济。

许多老龄产业界人士已经认识到老龄经济是一种新的复杂的混合经济，不能就事论事、不能就养老做养老、不能就老龄产业做老龄产业，必须跳出"老人圈"来谋事业。作为老龄经济重要组成部分的老年经济，其混合性主要体现在以下五个方面。

第一，老年群体本身就具备复杂性，既有当下的急需，还有长远的忧虑，这些情况是许多老龄产业企业没有深入了解的。

第二，老年人作为客户对象不是孤立的，他的消费行为表面上是自己完成的，但背后子女的意愿、取向和态度更为重要。在中国，家庭依然是经济单位。老年人的财产从文化上属于后代子女。因此，老年人只不过是家庭利益网络上的一个纽结，从老年人的需求开展市场研究的同时，要考量子女的意愿，他们是否愿意为老人消费，他们的收入、当下的支出、下一代的培养、家庭计划以及内心的深层动机等如何，都是需要考虑的问题。

第三，老年人及其子女不仅仅是家庭人，更是社会人。在中国，受传统文化影响，对大多数老年人来说，他们的消费行为既要考量子女的意愿，还要考量社会上同龄人的看法。对子女来说，是不是要干预父母的消费行为（包括口头支持和直接买单），同龄人特别是他们的"圈子"文化十分重要。这些情况都是老龄产业企业需要认真研究的重要问题。

第四，商业成功的重要法则是全面考量。比如，养老地产商光想着老年人买自己的房子，那么，老年人现有的住房如何处理？老年旅行社光想着老年人报团旅游，那么，且不说子女放不放心，孙子女的接送谁来接替，可能还有很多其他事情也让老人家走不开。因此，养老地产和老年旅游要做好，这后面要做的事情还很多。

第五，老年经济还涉及社区公共服务体系问题以至老龄产业生态问题。既有商家的业务空间，还有政府的作业领域。

总之，单就老年经济来说，老龄经济绝非易事。

造就新生命经济人

人是经济的出发点

从人类发展历史来说，迄今为止最深刻、最本质的变化就是个体的普遍长寿和社会主体结构的老龄化，这将会改变现有社会的结构，形成新的社会形态和新的样貌。从经济发展来说，将会形成新的经济形态，这就是不断超越物本经济的人本经济。

从理论和实践来说，经济发展的主体是人，物本经济涉及的所有物质财富只是客观实在，而物本经济的制度安排则主要是主体人根据相应观念设计的。由此来看，实现向人本经济或者老龄经济的转变，最主要的就是塑造发展人本经济或者发展老龄经济的主体——人。

人是研究人类问题的出发点，也应当是研究经济问题的出发点。换言之，我认为，物本经济即使在立意上是好的，但在结果上把人降格为工具，物质、财富、资本、利润等凌驾于人之上。故而，人本经济的第一命题就是人，就是要把经济发展引向使人成为人的正确道路上来，而不是离开人的发展，单向强调物的发展，或者离开人的更高层次的非物质层面需求，单向强调满足人的单纯物质层面的需求，结果客观上把人拉向层次更低的物的层面，这也是以往主流经济学和物本经济较人本经济来说的一个硬伤。

新生命经济人理论

当今世界和未来社会的客观趋势就是迈入以人人普遍长寿为标志的老龄社会，不仅不可逆转，而且标志着迈上新的发展阶段。在这一时代背景下，一般意义上的经济人理论落地到现实当中就是新生命经济人理论。换言之，就是需要从人人越来越长寿的视野下，重新审视人所面临的所有经济需求问题。具体来说，可以从以下方面来把握。

第一，从身体层面看，人的全生命周期呈现为驼峰形曲线，包括成长期、鼎盛期和衰退期，这是客观规律，不以人的意志为转移。在这一过程中，考虑到物质资源的有限性甚至稀缺性，考虑到对人的无穷物欲的节制的新观念，人的物质需求也呈现出驼峰形曲线。据此，我认为，理性经济人假定对人的规定应当修正为：个人利益适度扩大化。没有适度的经济自律，人就会无限贪婪。但是，如果没有扩大化，个人、组织甚至国家就会失去发展活力。

第二，从社会关系层面看，人的全生命周期同样呈现为驼峰形曲线，包括建立期、复杂丰富期和衰退期，这同样是客观规律，不以人的意志为转移。在这一过程中，考虑到人与人之间利益关系属于竞合关系，需要建构全生命周期人与人关系上的竞争观念和合作观念，把经济导入既有竞争拉动的活力，又有合作推动的秩序的人本经济轨道上来。从全生命周期来看，生命早期和生命晚期的合作更多，而在生命中期，竞争虽然至为关键，但合作才是根基。从这个意义上说，人本经济不同于物本经济的重要特征，就是人人全生命周期的竞争合作关系。

第三，从精神层面看，人的全生命周期呈现为坡形上升曲线，即从出生到死亡前（除了精神失能），人的精神发展包括越来越成熟的漫长人生阶段和死亡前较为短暂的衰落期。考虑到人的精神发展的无穷尽性，以及物质经济之上精神经济作为未来发展的新形态及其巨大发展空间，特别是考虑到人的精神成长的向上性，人生的意义特别是日益长寿的生命意义在物质经济之外，将会找到新的经济表达。

从以上三个层面看，人生轨迹结构是两个驼峰形曲线和一个坡形曲线构成的复杂图谱。其中，精神层面最具成长性，也体现出人作为文化动物的根本特征。在此基础上，新生命经济人理论的线索可以概括为"1 + 7"，1 即人生充满意义和价值，7 即生得优、长得壮、活得长、过得好、病得少、老得慢、走得快。这不仅是今后人本经济发展的重要理论基石，有利于提升个体的经济观念和行为。更重要的是，从经济发展上重新考量人的全面自由发展，自然可以在其他领域为实现人的全面自由发展奠定基础。更重要的是，它要求每一个人作为新生命经济人建构以下新的经济原则。

一是个人终生健康长寿是终生经济行为的前提，也是终生经济行为和其他行为的规划前提。否则，虽然利益实现了最大化，但寿命缩短或者带病长寿也很可悲。同时，健康长寿也是个人终生经济行为的规划指针和思维。

二是个人生命意义和生命价值是终生经济行为的重要引领，这是真正的经济理性。

三是在物质财富的积累创造上坚持长远安排和适度节制性扩大化，否则，年轻时不积极努力创造和做好积累筹划，老来受穷的长寿生命会十分悲惨。

四是广泛建立人与人的社会支持网络，不仅有利于全生命周期的经济行为，而且有利于人与人的和谐，为长寿生活创造条件。

五是全生命周期持续追求精神生活的丰富和升维，从精神经济层面不断拓宽健康长寿生命的边界，提高健康长寿生命的维度和位阶。

"大学之道，在明明德，在亲民……"在以长寿时代为标志的老龄社会，发展人本经济的关键，就是造就一代又一代新生命经济人，这是未来发展老龄经济的企业界的责任和空间。简言之，在老龄社会，发展经济的第一商道就是：造就"新生命经济人"，为他们提供新的观念、新的产品和新的服务。

第四章
老龄经济的需求结构和趋势

某个新东西出现了，

它完全不能从以前发生的事情中预测出来，

这就是开端的本质。

—— [英] 玛格丽特·加诺芬

认识到人口年龄结构及其背后的
需求结构对整个经济体系的重塑作用，
是我们打开巨大经济想象空间的关键。

把握老龄社会需求和消费观念的根本改变

从事老龄经济的许多行业人士认为，老龄产业难做，除了政策、环境等因素，最主要的原因有两个：一是中国老年人支付能力弱，另一个是有支付能力的老年人支付意愿普遍不高。

实际上，老年人特别是高龄老年人的支付意愿不高，这不仅仅是中国老年人的特例，同属东亚文化圈的日本和韩国的老年人也是如此。已经迈入深度老龄社会的日本面临的棘手问题之一，就是国民的有效需求大，但消费意愿严重不足。不仅越来越多的年轻人患上了"低欲望"病，关键是拥有社会财富的老年人也不愿意花钱。一位日本老龄产业界人士称："日本社会的财富拥有者主要是中老年人，但是，越有钱越不愿意花钱。我们费尽心机，很难打动他们。实际上，日本的老龄产业比如老龄制造业水平高，除了因为工业化的长期技术工艺积累，最重要的原因是消费者要求很高。你不挖空心思，你的产品就很难赢得消费者的青睐。"这可谓一语道破了工业化和老龄化叠加互动背景下需方倒逼供方的真相。生产能力问题解决之后，新的问题就在于生产能不能接通已经深刻变化了的消费者的需求，这是需求经济的真谛。

再看美国，美国老年人的消费意愿也不是很高。不少美国老年人把自己的财产转移给子女，自己申请社会救助特别是医疗保障的情况也是司空见惯。2014年，我出访美国，从东海岸飞往西海岸的航班上，乘务员销售啤酒和饮料（美国航班没有免费的啤酒和饮料），坐在旁边的一位美国老人向我推荐1美元的啤酒，而我选择了最贵的5美元一听的啤酒，顺便送给老人一听，借此机会和他讨论我感兴趣的话题。一路上我们相谈甚欢，从影响极大的美国退休人员协会（AARP）到美国老年人的日常生活。其中，最重要的信息之一就是，美国老年人大都节俭有度，不乱花钱。这种倾向在我出访的法国、德国、荷兰等欧洲国家也普遍存在。

如果从"老年人不愿意消费"这一逻辑出发，老龄经济及其市场前景将一片暗淡。看来，我们需要转变观念，重新审视我们面临的老龄社会及其经济产业市场的根本改变。

虽然从本源上来说，经济观念源于经济实践，但从经济过程看，经济观念支配经济行为。事实上，经济观念常常滞后于经济行为。因此，我们首先需要厘清我们的经济观念，在经济面临向老龄社会转变的背景下，最主要的问题在于我们的经济观念。所以最需要改变的，是我们头脑里的观念。

第一，不能用当前社会的经济思维来看待老龄社会经济现象。我们现在有很多认识上的误区。从一般观念来说，大多数人把老龄社会等同于老年人社会，或者把老龄社会等同于原有社会加上规模日益增长的老年人板块，甚至原有观念日用而不察。从经济观念来说，人们用原有经济观念和经济思维来考察、对待老龄社会的经济问题。即把老龄社会的经济等同于老年人经济，称之为"银色经济""银发经济""老年经济"，或者干脆认为老年人经济就是现有经济体系中增加的一个新的经济板块。从产业观念来说，则认为老年人增多将产生一个新的产业板块，这就是老年产业，有的也称之为"银色产业""银发产业"。总之，这些观念只是抓住了规模日益庞大的老年人群，而没有看到人口年龄结构上的根本转变，更没有看到人口年龄结构及其背后的需求结构对整个经济结构的重塑作用。

传统观念中，我们总认为"老年人消费意愿低"。老龄社会，我们需要从新的角度看问题，进入长寿社会，人们活得越来越长，消费需求自然转向长寿经济的基本面向，例如教育、保健、文化、医疗、康复、护理等方方面面。现实中，一些敏锐企业之所以能够赢得老年客户青睐，根本在于它们捕捉到了老年人的新需求。总之，仅就老年人经济而论，我们也需要改变原有经济观念，重新看待已经变化了的老年人的新的需求结构、需求偏好和需求动向。不过，需要强调的是，老龄社会的需求观和消费观涉及的经济主体绝非老年人这一个群体。

第二，要用老龄社会的新思维看待老龄社会的经济问题。简单来说，老龄社会的新思维包括五个层面：

（1）社会形态思维。老龄社会并不只是老年人增多的社会，而是一个新的社会形态。长远来看，会引发现有经济体系从适应原有社会的要求转向顺应老龄社会的要求，并呈现新的经济形态，带着这一思维来看待经济现象、经济行为，我们才能正确认识已经变化了的经济。

（2）长寿社会思维。从个体生命长度来说，老龄社会的一个突出特征是高龄化深度演进。具体来看，老龄社会将改变过去长寿人群稀少的状况，这意味着不仅老年人口增多，而且80岁以上高龄老年人口也大幅增长，人口平均预期寿命特别是老年人口余寿大幅延长，老年期超过就业准备期将成为不可逆转的发展常态。从社会发展来说，这是人类历史上未曾有过的重大现象，更是未来经济发展需要考量的新的基本事实，也是未来考量经济发展的基本思维。

（3）全生命周期思维。这一思维的关键在于，在经济发展的各个环节充分考量生命历程中各个阶段的特殊性、连续性以及贯穿全生命历程一以贯之的要求，把以物为本的经济转变成为服务人的全生命周期自由发展的生命经济。全生命周期思维主要强调个体、家庭、企业乃至国家对人的全生命周期的战略性思维，确保经济发展为人的全生命周期生存和自由发展服务。

（4）老年期思维。这一思维有两层含义：一是强调进入老年期的人有新的特殊需求，我们面向老年期的人发展经济就需要考量老年期的特殊需求结构和偏好；二是强调人生战略的反方向性。人生是一场单程旅行，必须按照从后往前，反方向安排。因此，年轻时期就要有老年期的准备。在老龄社会的背景下，按照这一思维来安排经济是长寿时代的重要特征。

（5）人本思维。老龄社会的经济主要是人本经济，除了发展物质经济、服务经济和精神经济，更重要的是，要将服务人成为人这一经济发展价值导向一以贯之。

第三，要科学把握老龄社会新的需求结构和趋势。进入老龄社会，人们的需求结构会发生深刻转变。从物质生活需求来看，老龄社会人们的物质生活仍然是主要内容，但在具体诉求上更加重视形式及其附加价值。比如，人们更关注吃得好、吃得健康等。因此，在物质经济领域，不仅要考虑老年人的物质生活问题，而且要关注人们全生命周期的物质生活问题，确保人们衣食住行等物质生活能够为全生命周期长寿生活奠定基础。同时，在健康、技术、时尚、艺术等附加价值上提供超出物质资料本身的溢出价值。从服务经济需求来说，服务经济包括生产性服务和生活性服务。老龄社会，随着生产力水平快速提高到产能和供给相对过剩的程度，生产性服务需求逐步下降，而人本经济所要求的生活性服务日益成为主导需求。这是一个重大经济转变。从精神文化生活需求来说，老龄社会，物质生活需求的刚性下降，精神文化生活需求刚性不断提升。精神文化生活内部也会发生深刻转变，例如，教育（培训）不仅关注生计技能，更偏重素质、创新思维、生命教育，而且终身教育将会找到落地的需求和市场。从媒介经济需求来说，老龄社会，伴随寿命的不断延长，人们对金融、信息、智能等媒介经济需求日益迫切，而媒介经济也将异军突起。

整体来看，老龄社会人们的需求结构从以物质生活需求为主将转变为物质生活需求、服务需求、精神文化需求和媒介经济需求四位一体协同发展，并从根本上规定未来人们消费行为的方向和趋势。

第四，要坚定树立动态经济思维和经济眼光。当社会面临深刻转型，经济形态也将同步深刻变迁。因此，坚定树立动态经济视角和经济眼光对于发展老龄社会的经济十分关键，具体来说，主要是做到五个不能：（1）不能用静止的眼光看变化着的经济现象。既不能用静止的眼光看当前老年人，更不能用静止的眼光看未来的老年人（也就是当前的年轻人）；既不能认为当前老年人的需求是固定不变的，更不能认为未来老年人的需求是当前老年人需求的再版；既不能用老年期的尺子量年轻期，也不能用年轻期的尺子去量老年期。一句话，要用动态视角看待未来所有人，而不是局限在老年人的经济需求变动和消费行为变动轨迹上。（2）不能用旧眼光看新问题。（3）不能用当前眼光看未来。老龄经济虽然是从当下出发的，但未来发展道路上的生机还没有充分展现出来。如何开发，这就需要未来眼光。（4）不能用自己的眼光看待别人。换言之，就是不能用供给者导向思维去看待需求者的具体需求。（5）不能用被动价值观对待老龄经济。老龄经济消费者是有意志、有想象、有情感的主体，面向他们提供服务和产品，应从他们的内心需求出发。

第五，要高度重视经济发展中的引领性思维。消费者也是需要引领的，这就给供给主体带来巨大的发展空间。具体来说，一是要善于从需求主体获取全面的需求信息；二是善于从需求主体的自主行为发现引领新商业行为的线索；三是善于从技术革新与需求的结合点上做文章，打造具有引领性的商业新趋势；四是善于从文化风尚和需求的结合点上做文章，打造具有引领性的商业新时尚；五是善于从国际国内地域差异中寻找释放新需求的新创意，打造具有引领性的商业新潮流。

总之，商业之道贵在洞察和把握需求及其动向。时刻能够知道什么地方的什么人在什么时间需要什么，这是当前需求经济真正的商业本领。

洞察老龄经济的演变逻辑

和性别相比，年龄是一个十分重要的经济概念。性别背后的社会属性涉及婚姻、家庭、两性行为等，年龄背后的社会属性是人的阅历、资源、资产、能量等。如果把性别和年龄结合起来，综合考量人的经济行为，这将是一个引发经济新思想的路径。在老龄社会，人人普遍长寿，重新把性别和年龄两个要素考虑进来，审视老龄经济，这是十分令人期待的新的经济发展方向。我们这里重点谈论年龄。年龄问题的要害在增龄，即动态年龄观是老龄经济的重要观念，也是洞察老龄经济市场需求的关键。

进入老龄社会，青少年、中壮年和老年人形成三分天下的格局，我们想问题、做事情，都要有动态年龄观，凡事都要从年龄及其变化可能带来的巨大效应来考量问题。那么，对于如何把握老龄经济及其需求变化，年龄及其变化的背后将是我们打开巨大经济想象空间的关键，借此我们可以洞察老龄经济的演变逻辑。

第一，要从全生命周期连续事件来考量老龄经济的问题。经济的最初含义是指家庭经济，即家庭成员衣食住行、婚丧嫁娶、生老病死等生计问题。家庭经济是所有经济的基础，而家庭经济除生产方式之外，主要是围绕家庭成员的生命事件而展开的。

我们每一个人的一生其实都是一个向老而生的一系列生命事件：从出生、婴幼儿成长、上学、就业、结婚、组建家庭，到退休、老年期和临终、离开人世。在不同生命阶段，人的经济需求是不同的。当然，我们可以说，生育经济也是老龄经济，但这是从宏观上说的。我们所说的老龄经济主要指微观经济，主要是面向个体经济行为：一是自觉准备老年期的经济，如年轻时购买金融产品以供老年期之用度；二是年轻时应对衰老现象发生的经济，如购买保健品等；三是进入老年期以后发生的经济行为。因此，从微观经济来说，考察老龄经济的需求，关节点在于"年龄"及其变化过程中发生的"衰老""准备""老年期"这四个关键词。由此来看，老龄经济的微观层面所涵盖的经济范围远远大于老年经济。与老年经济或者银发经济相比，这一经济视野更宽阔，可开发的潜在需求市场更大。实际上，这一观念转换既是老龄社会新经济的题中应有之义，更是老龄经济作为新经济的必然逻辑。这也说明，老龄经济是经济发展的进阶。

第二，要善于从年龄变化中结合性别、收入、教育程度、职业、家庭状况、子女互动关系以及地域、文化等要素发掘老龄经济需求的线索。老龄经济无疑是和年龄相关的经济，但考量老龄经济需求，除了需要考虑衰老、准备和老年期这些基本因素，更要考虑人的其他诉求。比如性别，一般来说，女性寿命长于男性。在长寿时代，从年龄要素之上进一步考量性别差异，其中所蕴含的经济含义十分深刻，需要从金融、健康、教育诸多方面做准备，其中的经济需求需要深挖。结合收入、教育程度和职业，又可以挖掘出许多细分需求。如果结合家庭状况、子女互动关系，这里面的空间最大。因为老年人和子女是老龄经济需求的重要关节点，子女既可能是老龄经济的需求方和最终消费者（如购买保健品、老龄金融产品），也可能是老龄经济的间接需求方，往往也是真正的买单者。地域（国内国际）和文化要素也十分重要，例如开发中老年旅游市场、医疗旅游、保健旅游以及康养社区、康养小镇等业态，都需要考量这些方面的要素。实际上，透过年龄链条，结合其他众多要素，不同老龄经济细分市场都可以找到相应的需求链，在此基础上，可以构建老龄经济的供给链，这是老龄产业链的基础。

第三，**要理出各代人需求的基本特征**。研究现有和未来老年人队列的需求特征，这是所有开发老龄经济的企业组织及相关人士必修的功课，也是最难的功课，同时也是最有经济兴味的功课。

把握各代人的不同需求特征

这里，我们主要提供一些研究线索。

全面考量历经磨难的"50后"前各代人的现实需求

这一人群是1949年及以前出生的人，也就是71岁以上的人（截至2020年）。目前，这一人口大约是0.95亿，除了约8万百岁老人，其余都是1921—1949年出生的人。其中，"20后"和"30后"已经八九十岁，"40后"也是70多岁的人了。

"50后"前各代老年人是目前全社会普遍关注的对象。他们年龄大，积蓄少，年轻时吃过苦，体弱多病，需要家人和社会提供各种帮助和服务。他们大多数人的需求清单中，保健药品、辅助器具、长期照护以及精神慰藉等内容占据大半，其中相对年轻的 71~79 岁 6 600 余万人口需求更为丰富，比如体育、旅居、文化、教育等多方面的服务。实际上，目前的产业供给包括所谓"养老服务业"，大多数是面向"50 后"前各代老年人的。这个产业定位是必然的，但产业界忽视了更多其他老年群体及其更加多元化的需求。因此，仅仅用面向这部分老年人的产业供给，即所谓养老服务来涵盖整个老龄服务是不全面的。

需要强调的是，"50 后"前各代老年人省吃俭用的群体特征，既是时代的写照，更是中华民族延续不衰的重要原因。产业界许多人认为，这一老年人群十分节俭，认为不花钱的老年人主要是指这一老年人群。实际上，节俭和产业发展不是对立关系，如果充分考量节俭的消费诉求，就会关注到节俭背后的真正需求。否则，老年人在吃喝穿上节俭，而供方非要在吃喝穿上做产业开发的文章，问题就出在供方了。的确，在吃喝穿上节俭，那么压抑的需求总要找到释放途径，这些途径是什么？是保健医疗，还是留给子孙后代？这个真实的需求清单才是我们要研究的。

此外，我们需要关注的是，到 2030 年，"50 后"前各代老年人总量将从目前的 9 500 万减少到 3 580 万。不过，后来人更多，"50 后"届时也开始迈入 80 岁高龄行列了。

准确考量辉煌的"50 后"一代的美好愿望

"50 后"这代人有一种共和国人特有的气质与辉煌性格。目前，"50 后"已经全数迈入老年人行列，他们的规模大约为 1.36 亿人，他们是老年人口中的年轻人口。

当下，许多产业界人士把希望寄托在"50后"身上，从方向上说，这是正确的，但问题在于，老龄产业是新的人本产业，老龄经济是新的人本经济。那么，"50后"的人本需求是什么，他们和以前各代老年人的差异在什么地方？这就需要我们从新经济的角度对"50后"做出新的、更能抓住人心的审视和洞察。

"50后"老年人长期生活在计划经济体制下，经历了改革开放，现在又迈入新时代，他们的需求是多元而广泛的。

首先，继续发挥作用是紧迫需求。"50后"老年人身体健康，阅历丰富，文化程度普遍高于以前各代，而且他们善于学习。他们浑身充满能量，迫切需要实现个人价值。目前，部分"50后"正在从事各种各样的工作，但也有不少人找不到满意的事情可做，市场中也鲜有为他们量身打造的工作机会，加上老年人再就业缺乏法律保障，造成"50后"人力资本无法发挥。比起赚取额外收入，"50后"对于实现个人价值的愿望更迫切。让老年人消费是老龄经济，让老年人创造财富更是老龄经济，这是老龄社会全面发展的需要。

其次，财富保障和增值的愿望十分迫切。"50后"的收入水平远高于以前，不少人有可观的资产，但手里的财富能不能抵御经济波动的影响，能不能保障自己越来越长的老年期生活，这是他们最深刻的焦虑。这也是目前老龄金融市场中老年理财业务如此火爆的原因。

再次，强身健体的需求能量强劲。目前，老年群体锻炼身体的主力是"50后"。无论体育健身还是保健产品，这个市场很大，"50后"是消费主力。值得强调的是，最近几年产业界推出诸多老年旅居、老年康养、中医医养结合等业务，实际上就是对"养老服务"的转向，说明市场已经发现，在"50后"以前各代老年人之外，"50后"群体消费动能已经崛起。

此外，精神文化需求十分突出。"50后"退休之后，究竟过怎样的老年生活，如何为高龄阶段做好充分准备，精神文化生活的安排是一个重要方向。在这方面，产业界已经开始进行有益探索。

最后，照护父母是"50后"的重要需求痛点。许多产业界人士对"50后"这一批做子女的，也是真正的买单者的需求了解不够。实际上，"50后"借由为父母做事情，本质上也是为自己将来做打算。不过，目前的产业供给很难让他们和自己的父母辈满意，他们将来需要以什么方式度过高龄阶段，这是产业界要研究的一个未来经济产业课题。

高度重视培育"60后""70后"老龄经济潜能

近几年来，一个新的话题正在发酵，这就是40+经济问题。准确地说，就是40~59岁人的准备经济问题。从2000年这个时点看，这一年龄群体刚好就是1960—1979年出生的人群，他们就是"60后"和"70后"。老龄经济产业界关注"60后"和"70后"的原因是显而易见的。

首先，再过20年，"60后""70后"分别陆续进入老年期和高龄期，现在不做好准备，届时就是"50后"及以前各代人老年期问题的再版。其次，从全生命周期看，根据准备经济理论，准备起点越早越好，40岁开始是比较普遍可行的操作时点，至少在收入上要比二三十岁时更有实力。再次，从客群黏性来说，从年轻时培养更为主动。目前，少数老龄经济企业，特别是大型企业正在开始做这样的探索，中小微企业虽然难以做到，但通过和大型企业联合是可以做到的。这是未来的方向。最后，未来问题取决于当下。从老龄经济发展乃至老龄社会的全局来说，抓住了"60后""70后"，就是抓住了未来。

实际上，从关注4 000多万失能高龄人群，到关注2亿多低龄健康人群，再到关注更大规模的 40＋人群，这是经济产业观的重大变化，也是摆脱目前老年经济产业怪圈、养老经济产业怪圈、养老服务经济产业怪圈、银发经济怪圈并走向适应老龄社会、适应长寿时代新经济的重大转折。

从整体上说，"60 后""70 后"的美好生活设计和未来长远安排，是我们把握未来老龄经济需求及其动向的主脉。

第一，还要继续努力获得更大财务自由。大多数"60 后""70 后"正在劳动一线，上有老下有小，他们比前几代更有条件追求经济独立和财务自由。在赡养老人和扶持子女的同时，他们还要为自己做好充分的老年期经济准备，这里面蕴含的经济需求特别是金融经济需求首当其冲。

第二，做好子女和孙子女的生活安排。"60 后"的子女大多已经成家立业，但还要操心子女事业和照顾孙子女成长，这里面代际互动产生的相关社会服务的开发空间也值得关注。隔代培养模式能否延续？老年人的独立生活空间和照顾孙辈的需要如何协调？代际之间在未来生活上的金融安排问题同样需要产业界考量。家庭财产特别是房产、储蓄等资产在代际之间如何配置和安排，更需要产业界认真研究。至于劳动者主力"70 后"，如何处理和老一辈的经济关系，为自己子女学习、生活乃至成家立业做谋划，同时，还要在房产、储蓄等经济准备方面为自己做好打算，也是经济产业界特别是老龄金融界要认真思考研究的问题。

第三，保持健康才是未来长寿生活的法宝。"60 后""70 后"的健康意识更高，但是健康产业，特别是预防性健康产业是和人性相对立的。大多数人重视疾病而疏于健康管理，这也是自古以来治未病难以落实的根本原因。如何能够开发出有利于"60 后""70 后"的新型健康服务体系以及创新健康管理的保险、医疗政策，这是经济产业未来的重大机遇。简言之，谁能有效开发出可以落地的健康管理的产品和服务，谁就能掌握未来的健康产业。

第四，不给子女添麻烦。越来越多的"60后""70后"希望自己能够独立终老。原因是多方面的，最重要的原因是，许多"60后""70后"只有一个孩子，他们对子女的未来境况已经有了清醒的预期。这是一个重大信号，其中能够衍生出许多细分行业和市场需求。同时，经济产业界需要更新观念，要从新经济的角度出发，还要考量"60后""70后"子女，也就是"80后""90后"的内在需求，如何帮助他们实现给父母尽孝心的愿望，这里不只是涉及钱，更重要的是人文、情感和人生在世的价值归属问题。当然也有创新服务和产品体系的问题。因此，未来在"60后""70后"与"80后""90后"之间的互动背后蕴含着强大的经济潜能。在"60后""70后"与"80后""90后"之间，老龄经济产业界既要着力研究人文精神引领下的经济、利润、技术、金融和服务及其体系支撑，更要使这些支撑能够体现人文精神，维系"60后""70后"与"80后""90后"之间以及未来"80后""90后"与"00后""10后"之间的人文关系纽带，使老龄社会经济更具人性，也使老龄社会人文关系拥有雄厚的经济保障和根基。

第五，有条件追求更高层次的需求。"60后""70后"经济收入普遍提高，教育水平大幅提高，越来越多的人受过高等教育，加上互联网和智能手机的普及，"60后""70后"更有条件在物质生活之上追求更多、更高层次、更加丰富多元的精神文化生活。更为重要的是，随着老年期的普遍延长，如何度过漫长的、超过就业准备期的老年期，这是我们以往没有碰到的重大新课题。老龄经济产业界需要解放思想，和现有各代老年人队列以及"60后""70后"共同探索，创新未来经济观念，建构老龄经济新发展方式。

第六，无后顾之忧。从理论上来说，从全生命周期来看，个人人生的后顾之忧无非生老病死，也就是需要建构覆盖全生命周期的制度体系。对人生后半期来说，主要是建构完善的养老、医疗、长期照护保障和服务体系，但这只是去除后顾之忧的一个侧面。要想拥有真正意义上无后顾之忧的长寿生活，还需要深厚的经济产业侧面的强大支撑，其间衍生的需求不仅有利于各代老年人，更重要的是关乎未来的宏观经济运行。对此，老龄经济产业更需要着眼长远，立足当下，开拓创新，全面探索。

"80后""90后"决定中国人口老龄化发展走向

要想赢得未来新经济，我们不能离开"80后""90后"。他们不仅是未来老龄经济产业的服务对象，也是开发老龄经济产业的主体。

总体来看，许多"80后""90后"是独生子女，他们是落实"二孩"政策和决定21世纪下半叶中国人口老龄化发展走向的关键两代人。目前，从1980年到1999年出生的"80后""90后"总量大体上是4.1亿人，2040年以后，他们分别开始步入老年。届时，他们将遇到"60后""70后"队列分别迈入80岁以上高龄阶段，见证人类历史上空前的高龄化浪潮。同时，许多人还将真正体验传说中"421"家庭结构带来的诸多困难。值得强调的是，2040年前后可能是中国人口老龄化挑战最严峻的时期，大潮的洪峰，也就是"60后""70后"进入高龄阶段，而承载这一洪峰的"80后""90后"也即将步入老年。

目前，在"80后""90后"中，年龄最大的已经年届不惑，最小的也已经二十几岁了。如果按照平均预期寿命90岁计算，他们中年龄最大的还要有50年的人生旅程，年龄最小的还有近70年的预期生命。如何度过，这不仅仅是一个人生哲学问题，也是一个重大人生经济问题，还是一个重大的家庭经济问题。当然也不仅仅是他们个人的事情，既要考虑多位长者，还要肩负后代养育责任，更要为自己做好谋划。这些日常性问题到了"80后""90后"两代人这里，不仅社会背景巨变，相关问题也变得十分复杂。这也是压力巨大的这两代人引起社会普遍关注的重要原因。对于老龄经济产业界来说，如何从"80后""90后"入手，全面掌握他们的内在和长远需求走向，解放思想，设计相应产品和服务，打造相关支撑体系，是未来老龄经济发展的重要路径。

从需求角度来说，老龄经济的开发离不开年轻人。从经济主体来说，老龄经济的开发更离不开"80后""90后"。这也是老龄经济产业界应当引起高度重视的重要课题，如何培育老龄经济开发主体及其相关企业组织，中间蕴含许多新的经济业务，需要我们提前考量，并着力准备和实施。

现在就要面向"00后""10后"开展老龄社会和老龄经济教育

作为统一市场的老龄经济从历时发展的角度看，离不开"00后"和"10后"，他们既要面对，更要参与成为成熟形态的老龄经济产业的建设者。

从2000年到2020年年底，全国"00后"和"10后"总共3.5亿人，总量上大于"50后"及以前各代，但少于"80后""90后"4.1亿人的总量，更少于"60后""70后"4.38亿人的总量。2040年中国迈入快速高龄化阶段，这一人群将分别开始迈入40岁人群行列。2050年伴随中国人口老龄化迈向峰值，他们开始进入50岁，2060年之后分别迈入老年阶段。这一人口是承载中国人口老龄化高峰的主力之一。从经济发展主体的角度来说，当前开始培育老龄经济的开发主体和开发组织，"60后""70后""80后""90后"都是重点人群，"00后"和"10后"则是预备队。

针对"00后"和"10后"，从发展老龄经济产业来说，我们要做的工作也很多，但主要任务还是进行新经济观念的培育。首先，要让他们了解掌握老龄社会的基本国情。当然，这一点也是全人口需要全面参与的一个通识性社会教育工程。对于"00后"和"10后"来说，需要抓紧从小教育的有利时机，让他们了解自己所处的时代是长寿时代，所处的社会是老龄社会，并即将面临超老龄社会的到来。这是培育新经济观念的基本土壤，也是基本前提。其次，要培育全生命周期长寿思维。要让新一代从小掌握全生命周期观念，并化为引领终生行为的基本生命理念，把他们培育成为新一代的理想长寿人。再次，要培育人本经济新思维，着重培育他们人本经济新观念，树立新生命经济人思维。最后，着力培育老龄经济思维。老龄经济思维的核心就是全生命周期经济战略思维和全社会长寿战略思维，要让他们懂得处理老龄社会个人、家庭和社会的相关经济战略安排问题的重要性，培育新经济思维方式。如此，"00后"和"10后"两代人在他们成年之后，就是成熟的老龄经济产业的建设者，发展老龄经济产业就有希望。这些工作主要还得靠其父母及社会各界的长辈去做。现在的问题是这些长辈首先需要补课。

以上主要是从需要主体队列对老龄经济的微观变化做了初步分析，但是，老龄经济不仅是微观经济，也在中观上产生深刻而全面的变化，并对宏观经济产生长远影响，这就需要树立顶层思维，从经济战略层面来把握老龄经济产业，以便推动新经济的全面开拓。

第五章
布局老龄产业的战略逻辑

我们的眼睛就是我们的监狱，

我们的眼光所到处是我们监狱的围墙。

—— [德] 尼采

老龄文化产业、老龄健康产业、
老龄宜居产业、老龄制造产业、
老龄服务产业和老龄金融产业等新兴产业，
将会重新塑造现有产业体系。

老龄经济产业的市场逻辑

老龄产业发展必须遵循市场逻辑。

站位逻辑

具体来说，老龄产业的站位逻辑包括三方面。**第一，实施整体站位的产业政策。**老龄产业是为绝大多数人提供产品和服务的，最终是为了提高绝大多数人的生活和生命质量。这就需要老龄产业政策超越需方和供方，结合发展阶段，站位老龄产业整体发展，分阶段、分步骤引导扶持产业从起步到快速发展以至市场繁荣。这里有三个问题需要注意：一是不能怕麻烦，避免从管理角度仅考虑管理成本最小化，而要从绝大多数人的长远需求出发，站位老龄产业市场的全局，谋求产业的整体发展；二是不能老想着立竿见影，避免仅仅从税收角度考虑问题，而要有藏富于民的思想，把老龄产业培育成巨大产业，涵养老龄社会新的税源结构；三是要舍得花钱，转变重视物而轻视人、重视技术而忽视服务的传统经济观念，站位人本经济，投资于老（面向年轻人的老年期和老年人的产业需求进行投资)。

第二，供给方要立足供方，但更要坚守需方站位。现代经济和未来经济的本质是"需求经济"，站位需方的需求、能力和意愿，而不是简单地追求利润最大化和成本最小化，才能赢得经济发展的市场领导力量。以养老院为例，一位院长给员工传达的职业理念："给员工发工资的不是院长，而是老年人。你把老年人服务好了，身心健康愉悦，他就能活得更长。否则，服务不好，他走了，空出来的床位还要找人替补。所以，我们要从根本上弄清楚：究竟谁是衣食父母?!"这段话讲得实在通透而精辟。不仅适合养老院经济，而且适合整个老龄产业。简言之，发展老龄产业的供方逻辑不是自身的发展逻辑，而是需方逻辑。这也是目前老龄产业面临各种问题的重要根源。

第三，需求方要站位长远，提高能力，做好准备。需求方要站位自己长寿人生的长远安排，提高各方面的能力，在年轻时为老年期做好方方面面的准备，在老年期的力所能及阶段继续有为于社会。从根本上说，有什么样的需方才会有什么样的供方。有高度文明强大的需方，才能有供方建构起来的高度发达的老龄产业。中国未来老龄产业的根本取决于需方的努力，而不是躺在家里等待产业发达为自己服务。

市场供求合意逻辑

在社会主义市场经济尚在探索和老龄产业刚刚起步的今天，面向未来，发展老龄产业的市场逻辑，从供求合意的角度来说，需要做出三方面的努力。

第一，从供方来说，要把发展老龄产业作为供给侧改革的重要导向。从老龄社会视角来看，老龄产业所包含的老龄文化产业、老龄健康产业、老龄宜居产业、老龄服务产业、老龄制造产业和老龄金融产业等新兴产业，将会重新塑造现有产业体系，老龄产业所发挥的老龄经济潜能将会改变既定经济产业体系。随着老龄社会走向超老龄社会，中国未来经济的产业格局和产业形态都会发生天翻地覆的变化。在物本经济和资本经济转向人本经济的过程中，经济发展的动力不是新技术、大资本，而是绝大多数人的需求及其结构的转变。中国经济未来的最大需求就是人人都要伴随老龄社会迈向超老龄社会过上更加健康长寿的幸福生活，这也是中国未来经济需求结构的最大转变和重大指向。一切新技术、大资本乃至新一轮技术革命，最终都要落到这一新需求及其结构的重大转变上来。因此，从长远来看，这是未来供给侧改革的新的指向，也是老龄社会建设社会主义市场经济的基本供给逻辑。

第二，从需方来说，要通过发展其他传统产业和新兴产业以及老龄产业，最大限度解决老龄经济的有效需求问题。从 2021 年到 2035 年的未来"第一个十五年"，中国经济将处于深刻转型期。在转型期间，一些传统产业还在发挥作用，新兴战略产业也需要大力开发。同时，还要考虑各自应对老龄社会需求的产业面向问题。也就是说，传统产业在转型过程中考虑多种可能性的同时，重点考虑转向老龄产业的发展导向问题。新兴战略产业要获得长远持续发展，更需要和老龄产业需求精准对接。这些传统产业和新兴战略产业的过程经济目标和终极经济目标，都是要解决需方的收入和支付能力问题。

第三，从市场运行来说，要建设促进供需双方合宜合意的友好环境。例如，供方需要树立品牌，需方需要了解相关产品和服务及其风险。但是，由于各方利益诉求不同，难免造成各方夸大倾向的问题，这就需要系统性构建交易合宜合意的环境体系。重点是解决供需信息不对称、交易成本过高、交易规则不公平、垄断和过度竞争等问题。

产业演进的内在逻辑

老龄产业、老龄经济是成长性产业和成长性经济,有一个从起步、发展、繁荣到成熟和永续健康运行的过程。当然,老龄产业是一个新兴产业,整体看目前处于起步阶段,未来的全景还没有充分展现,关于它的内在演化逻辑我们还不可能全部提前预见,但以下方面是十分重要的逻辑线索。

第一,阶段性逻辑。老龄产业是老龄社会涉及人类生活方方面面的全域性产业,无论从事哪个领域、哪个行业,还是跨领域、跨行业运作,共同的特征就是掌握好时间上的阶段性。一是从老龄产业逻辑来说,无论是国内还是国外,老龄产业往往是从半失能和失能老年人的需求开始显现,发展老龄服务成为起步阶段的重中之重,这里存在的刚需最多,且现金流更集中、丰富,也往往没有应收账款等制造业面临的难题。但是,随着时间的推移,老龄服务的天花板效应逐渐突出,其他需求,特别是健康老年人的养生、旅游、文化需求开始凸显。据此,老龄产业企业就需要按照老龄产业自身的内在逻辑同步跟进,不可盲目超越。同时,为成长繁荣阶段做好充分准备。二是从人的全生命周期来看,老龄金融业和老龄制造业是老龄产业内部金融经济和实体经济两大支柱,企业迈过成长阶段,最终需要对接老龄金融业和老龄制造业两大产业。这是老龄产业企业成长为集团企业的终极产业选择。三是从成长来说,在起步阶段,老龄产业企业要在战略理念、战略定位、运营战略乃至企业内部设计等方面做好安排,不能超越起步阶段的发展逻辑,但也要为成长繁荣阶段准备预留空间,例如人才储备。

第二，**企业成长逻辑**。一是把握好人、中老年人、中老年人的家庭、中老年人的亲戚朋友的消费文化和内在消费需求。我认为，从某种意义上讲，企业成长的基本逻辑是把握客户的成长性。简言之，就是要了解客户需求的阶段性特征和变化趋向。二是把握地情。本地企业当然是了解本地地情的，对于跨地区运营的企业特别是跨国老龄产业企业来说，把握地情十分关键。从这个意义上说，职业经理人本地化将是未来老龄产业企业干部队伍建设的重点。三是把握好民营企业与国有企业的关系。国有企业从事老龄产业是必然趋势，也是未来推动老龄产业从成长性产业成为超老龄社会的战略主导产业的重要推动力。但是，无论是国有企业还是民营企业，都存在短板，国有企业效率不高，而民营企业信用保障机制存在缺陷。因此，未来国有企业和民营企业联合开发老龄产业是重大的战略选择。这就需要不同企业主体着眼长远，在混合所有制改革中做好联合运营的充分准备。四是把握好经营战略逻辑，也就是把握好客户定位逻辑。企业成长的本质是客户成长。一方面是拥有客户的数量增长，另一方面是入群客户的共同成长。重点是中端客户，只有高端客户形不成产业规模。因此，老龄产业企业成长的根本在于，经营战略确保中端入群客户特别是老年客户的稳定增长和对企业依赖性的增强。

第三，**人才逻辑**。一是要转换眼光。老龄产业是新产业，不能用传统产业的眼光来衡量老龄产业的人才。这就需要企业家和企业人才共同探索老龄产业人才素质、人才部署、人才培训、人才管理、人才储备以及进入退出机制等问题。二是重视身边。长远来说，人才招聘是通道，培养才是根本。三是建构人尽其才机制。把合适的人才配置在合适的位子上，最难解决的问题就是对人才的识别、对人才的预期管理和留住人才的体系化长远安排。这里最大的问题是人才的预期管理，如何做到企业预期与个人预期的协调，需要做大量耐心细致的工作。四是做好人才储备。这是目前已经在老龄产业取得成就的企业面临的最大的难题。五是不断更新老龄产业知识技能。老龄产业的运行需要多行业的综合知识、素养和技能，而且新的需要还在不断涌现。这就要求老龄产业企业时刻探求并实时更新产业的新增细分需求，努力做到人才配置、再教育培训等的实时跟进。总之，老龄产业正在起步，许多产业需求还没有完全定型，大多数细分产业结构、整合运行以及行业逻辑尚在发育当中，这些都需要通过严密的企业人才运行逻辑长期实践才能水落石出，而不可能单靠企业家个体得以实现。正是从这个意义上说，老龄产业企业的成长逻辑实际上主要就是人才的成长逻辑。

第四，盈利模式逻辑。老龄经济的盈利问题的本质是消费者站位的连续性代价收益问题，即持续性地以合宜代价才能获取预期的合宜收益。由此来看，企业能否盈利，首先要看消费者愿意以什么样的代价解决什么问题，并从中获取合宜收益。恰恰在这个问题上，许多老龄产业企业没有清醒的认知。

企业能否盈利，关键在于对应消费者合宜代价的付出意愿来设计产品和服务体系。现代经济，一次性、试探性消费难以形成持续性产业，企业必须在产品和服务供给的基础上，从连续性、持续性出发做好文章。核心是让消费者对产品和服务价格的持续性做到长期可承受。还有价格的低增长预期、持续性信用保障以及交易纠纷处理预案的透明化，特别是同类产品和服务的竞争性策略安排等问题，也十分重要。

企业能否盈利，还要看盈利结构的构建。单点持续性收益是十分困难的，中大型企业的收益当然是结构性的。这是因为：一方面，消费者的需求是结构性的，相关产品和服务本身也衍生许多结构性收益点；另一方面，由于成本增加等因素导致产业收益递减是一个普遍规律，但是如何逆收益递减规律而动，实现企业整体收益递增，这就需要一个结构性盈利点安排，确保细分上收益有增有减，但整体上有一个多进口的经营安排，确保收益长期递增，有一个大的发展空间。实际上，与年轻人消费产品和服务具有突出的一次性或粘连性较低不同，老龄经济或者老龄产业的客群主体是中老年人，他们的最大消费特征就是消费的重复性鲜明、粘连性突出，特别是老年消费者往往希望给他们解决所有问题，甚至包括免费聊天解闷等。这里实际上隐含着结构性盈利点的通道，随着年龄的增长，这个收益递增通道将交汇成为老龄产业走向黄金繁荣期的高速公路，而且不断增长的中老年消费者的预期也是如此走向。这也是中国老龄经济和老龄产业持续成长的根本。

关于消费者综合需求的关注和回应也十分重要。很多传统产业主要关注单项需求（如热卖单品），对衍生和延续需求关注不够，老龄产业的特征是生命经济和阶段性连续经济，主需求和衍生需求是变化的，这一阶段的主需求可能是下一阶段的衍生需求，而现在的衍生需求可能就是下一阶段的主需求。例如服务低龄老年人的企业，应该认识到他们也是潜在高龄老年人。现在可以为他们提供健康养生服务，到了高龄阶段，他们会变成照护对象。这说明，和传统产业主要关注具体单项需求不同，老龄产业的产业价值取向不仅仅是具体需求及其随时间变动的流动性需求，而是更高层次的人的需要，如不仅为老年人提供就业、看病、照护等服务，而且要把老年人视作普通人来对待，在产品和服务之外，让他们体验作为普通人的尊严和价值。这就要求企业不仅要考量提供什么样的服务和产品，而且要和消费者共同成长，与向老而生的客户及其需求成为成长伴侣，在陪伴客户成长的同时追求自己的壮大和长久。

第五，规模、质量和结构逻辑。以老龄金融、老龄用品、老龄服务和老龄文化这四个产业为例。从目前老龄产业企业运行的实践来看，老龄文化产业渐露头角，恩格尔系数下降后产生更高层次的需求毋庸置疑。目前，规模性老龄文化团体已经开始出现，但还没有形成规模性的老龄文化龙头企业。不过，老龄文化产业将伴随"60后"退休潮的到来而进入快车道。未来老龄金融产业中容易形成规模经济的企业有很多，现在要做的是从做传统金融业务转向做老龄金融业务。老龄服务产业也正在形成规模企业，这主要是因为服务业态具有现金流优势。老龄用品产业除了保健品、药品、少数辅助器具、少数生活用品领域已经形成规模企业，其他领域发展相对滞后，这主要是因为服务品制造业本身在规模扩展上需要一个艰苦的过程，加上全球用品制造业面临整体不利的大环境，还需要老龄用品产业继续苦练内功。

第六，**产业链逻辑**。老龄产业是横跨所有传统产业的新兴产业，不能直接套用传统产业的链条逻辑或者产业上下游逻辑来分析。老龄经济，一开始就是面向人、服务人的生命经济，其本质是以人本精神为引领，在产品和服务的设计、生产和提供各个环节，既考量人的细分需求，更考量人作为人的整体价值和意义。具体来说，老龄经济产业涉及所有人及其全生命周期（甚至超越人的全生命周期，既关联着出生前如父母生育的经济决定，也关联着身后事，如去世后的诸多安排等），涉及人的所有经济要素，是新的复杂化、高级化经济产业形态。从本质上来说，老龄经济更关注人的生活、生命和意义。无论从生产还是从消费来说，人都是老龄经济的主体。因此，在这样一种新的经济产业形态中，综合性、结构化的需求主体才是经济产业的塑造者，也是决定经济产业路线在行业细分基础上必须走整合路线的根本原因。当前老龄经济产业尚处初期阶段，但"跨界运作""综合体""复合型场景建构""战略合作"等新的产业理念已现端倪，这是有其必然性的。

整体来说，我们不能仅仅用传统经济产业的理念来对待老龄产业的产业链条构建问题，而要在以人为本精神的引领下，在行业细分的基础上，考量产业结构化安排与人的需求结构化变动，特别是全生命周期呈现阶段性但又深藏连续性的结构化演化逻辑，注重满足人的整体需要，关注生命经济对人的生命价值和意义的塑造，以此做好产业结构的人本化建构。这说明，我们既要重视产业的上下游，更要关注产业链，但根本上还要考量产业网（即使单从企业来说，其成熟状态的产业链条设计也应当是产业网状安排）。这是老龄产业的产业链总逻辑。

第七，产业区域集群逻辑。产业发展不是抽象概念运演，而是一定国家范围内乃至全球范围内的落地产业聚集。从老龄产业来说，未来成熟阶段必然涌现老龄金融中心、老龄制造业基地、老龄科技研发中心、老龄健康产业带、老龄文化旅游理想目的地以及老龄文化、教育、培训中心等。

从需求来说，人的需求结构大同小异，需求层次也有天然阈限，之所以会出现千千万万种的商品和服务项目，主要在于需求的个性和产品服务的可替代性以及设计、工艺、技术的更新。这说明，供给侧的创新是关键。不过，供给侧的创新除了设计理念、制作工艺、技术升级等因素，区域的产业基础、自然禀赋、营商环境以及人文氛围等因素也十分重要。这就需要各个地方及企业家群体共同研究和探索。

目前，从全球范围来看，美国、日本和韩国等国在老龄健康用品等制造行业的地位十分突出，美国的老龄金融业也很发达，日本的部分老龄用品特别是辅助器具相对成熟。不过，几十年后，随着全球经济转型为典型的老龄经济，老龄产业的世界区域格局才能真正形成。我国拥有金融中心，但还不是老龄金融中心，形成老龄金融格局是必然趋势，这也是未来中国金融体系的转型方向。我认为，现有金融中心需要思考，如何引领全国地方的金融体系实现转型，这是一个紧迫而艰难的课题。

整体来看，只有区域老龄产业格局形成，相关企业聚集发展，中国的老龄经济产业才能真正步入全面发展的快车道，才能解决产业发展空间狭窄和产业同质性问题，满足人们的多元化需求。

第八，产业体系逻辑。从发展前景和经济水平潜力来看，中国是未来老龄经济产业潜力最大的国家。同时，从人口总量来说，中国建设庞大、独立、自主的老龄经济产业内循环体系至关重要，不仅可以从经济上解决自身老龄社会的问题，而且在此基础之上，扩充老龄经济产业的体系化设计和构建工作主要体现在两个方面：一是老龄产业企业主体的培育。只有企业主体大量涌现，才有可能确保产业体系不是一个空架子。目前的企业组织相对来说还远远不够，而且大多集中在老龄服务这个单一领域。二是产业区域集群。老龄社会带来老龄经济，但老龄经济能否落地，关键取决于老龄产业体系的构建，这将是未来中国经济适应自身老龄社会转型和全球老龄社会转型的产业战略。

实体经济与金融经济的产业融合逻辑

从某种意义上说，老龄社会是金融社会。一方面，人们的寿命大大延长，特别是老年期超过就业准备期；另一方面，老年期养老主要靠年轻期的积累，不过只有通过金融体系才能满足全生命周期的财富需求。如果没有完善的金融体系，老龄社会将无以存续。金融体系或者金融产业是老龄社会存续发展的基础性制度安排。

老龄社会也是金融全民化社会。不仅寿命延长呈现大众化发展态势，而且人们的金融观念不断提升，现代社会的金融基础设施日益完善，金融技术日新月异，金融产品层出不穷，金融产业开始步入全民化时代。老龄社会的人们就必须规划"长钱"，例如年轻时拿出一部分资金，锁定老年期生活消费用度，包括社会保险和商业保险以及养老基金等。

建基于实体经济的日益成熟的现代金融体系背离实体经济的倾向值得关注。金融体系脱离实体经济独立运行的现代金融运作方式，不仅受到近现代以来诸多经济思想大家的深刻批判，更带来了多次周期性危机。因此，如何看待现代金融，如何处理金融经济和实体经济的关系，是面向老龄社会必须思考的重大问题。从人本经济理论来说，金融绝非经济的核心，但是，离开金融，实体经济也不能被称为经济的核心。因此，如何处理这一问题，是老龄经济要面对的重大理论和现实问题。

纵观近现代经济学思想历史，目前的基本共识是金融经济必须遵循和实体经济保持均衡发展的逻辑。实际上，这也是老龄金融的本质，更是老龄经济的根本。如何使日益增长的老龄金融资产与稳定增长的实体经济之间保持均衡，这也是未来发展老龄产业的基本逻辑。当然，老龄产业既有金融经济板块，更有实体经济板块，如何保持这两大板块之间的均衡，这是老龄经济需要解决的问题，也是实体经济产业与金融经济产业均衡匹配逻辑的基点。

老龄经济产业的发展战略

树立老龄经济产业新思维

从全球范围来看，特别是从已经步入老龄社会的发达国家的实践来看，从某种意义上说，大多数老龄问题都是转型性问题，即老龄社会的新需要和原有社会的旧架构之间的不适应问题。这一点在经济领域的表现尤为突出。我们一方面正在经历老龄社会经济关系、经济发展观念、经济发展方式等的重大转变；另一方面，我们拥有的绝大多数是以往经济发展的旧架构。旧架构与新需要之间的磨合才刚刚开始，今后还将维持相当长的时期。原因在于，需求和问题是新的，但我们的观念是旧的。在这种情况下，可以预见，未来经济发展中首当其冲的是经济发展观念的根本转变。这就需要我们树立老龄经济产业新思维，为全面推进老龄经济产业，建设适应老龄社会的新的经济产业体系做好思想理论准备。

具体来说，就是要实现以下六个转变。一是经济站位要从少数人谋取高额利润的站位，转变为绝大多数人共同富裕的站位。二是经济思维框架要从适应现有社会转变为适应老龄社会。主要是从新的老龄社会的经济主体结构、新的经济关系及其需求角度考量一切经济问题。三是经济发展的核心理念要从物本经济转变为人本经济。主要是考量经济发展的合理收入效益、健康效益和社会效益，避免经济产值大幅增长但表外负增长的恶性循环。四是经济发展定位要从满足人的即时需要转变为满足每个人向老而生的全生命周期统筹安排需要。主要是经济产业产品和服务要有全生命周期考量，而不是仅仅考虑当下需要，在发展即时经济的同时着力发展准备经济。五是经济运作要实现从部门经济到综合经济、从行业分业经济到分业混业联合作战、从实体经济和金融经济分开运作到金融经济紧盯实体经济、从直接经济和间接经济分开运作到间接经济紧盯直接经济的新经济发展运行机制的转变。六是经济治理实现向超经济治理的系统性治理的转变。当前，世界经济的突出问题是经济发展与社会发展"两张皮"，经济发展制造问题，社会发展解决问题，这是一个恶性循环，是适应老龄社会的新经济必须解决的突出问题。这就需要从超经济治理或者国家治理的高度重新考量经济发展的方向、路径、方式和方法。

老龄经济产业是社会主义经济产业，是人民经济产业，是人本经济产业、生命经济产业和意义经济产业，是具有高成长性的新的经济产业，需要融入地区和区域经济战略，融入国家双循环战略，融入全球经济发展战略。全面推进老龄经济产业意义重大，关系我们迈入老龄社会和长寿时代的根本支撑，关系老龄社会和长寿时代中国经济的长远持续繁荣，也是我们迈入新阶段不能回避的新的战略选择，是未来加强内循环、促进外循环新的经济战略主攻方向，有利于中国应对老龄社会的挑战，有利于走出一条适合中国国情的发展道路，为从经济产业上成功应对老龄社会提供中国方案，贡献中国智慧。

实施全面推进老龄经济产业发展的立体战略

全面推进老龄经济产业关系全局，是未来加强内循环、促进外循环的经济引擎，需要实施国家、区域、企业、社会组织、家庭和个人六层一体化立体战略。

第一，实施国家战略。一是把全面推进老龄经济产业作为重大主攻方向融入内循环战略，根据《国家积极应对人口老龄化中长期规划》，"十四五"期间要研究出台实施《国家全面推进老龄产业中长期发展纲要》。二是加快生育、教育、住房、就业、养老、医疗保障制度深度融合性配套改革，在试点基础上尽快全面推行长期照护保险制度，织就覆盖全民从出生前准备到身后事处理的社会保障体系和相应服务体系，引导全生命周期生活预期稳定，从根本上解除人们的后顾之忧，从制度上解除影响消费循环的深刻绑定，为强化持续内循环做大做强做活国内经济提供制度保障。三是研究出台一系列适应老龄社会要求的财政、收入分配政策，大幅提升人们的收入水平，最大限度扩大中产阶层规模。四是根据人口老龄化队列，重点研究"70后"

"80后""90后"人群老年期准备经济特别是金融准备经济的潜力，研究出台老龄金融政策，鼓励老龄金融产品和服务创新，做大老龄金融体量，解决内循环持续运行需要的融资问题，为投融资促进内循环提供强大长钱资产池。重点研究"40后""50后""60后""70后"先后迈入老年期带来的趋势性产业细分需求，在整合现有政策的基础上，针对老龄经济产业产品和服务的供给需求，研究出台体系化产业政策，解决内循环持续运行的投资和产业收益问题。一融一投，两端互动运作，为整体经济内循环注入强大输入输出流量。五是根据当前影响老龄经济产业的堵点、难点问题，比如土地、金融、国有资产有效利用以及部门不协调、资源不共享、国有企业和民营企业混合运作存在障碍等，分领域制定出台相应政策举措，为老龄经济产业长期运行营造良好政策环境。

　　第二，实施区域战略。一是要把全面推进老龄经济产业作为重大战略主攻方向纳入区域发展战略，各地要在"十四五"期间做出战略安排。二是各地要研究地方发展老龄经济产业的优势和地情，研究探索建立独具特色的老龄文化产业、老龄健康产业、老龄宜居产业、老龄制造业、老龄服务业、老龄金融业基地和中心的配套政策措施，为构建老龄经济产业带和发展枢纽带奠定基础。三是突破行政区域限制，逐步破除税收行政区域性限制对跨域产业发展的障碍，依托现有产业条件，研究区域老龄经济产业互认共享系列化政策措施，打造跨省老龄经济产业产品和服务交流中心，促进老龄经济产业跨区域循环，为全国性循环奠定坚实基础。四是出台城乡老龄经济产业资源流动措施，鼓励城镇老龄经济产业资源下乡，促进老龄经济产业在城乡间的循环。五是坚持改革开放，结合"一带一路"倡议，研究老龄经济产业的双循环机遇，扩大国际经济技术交流合作，鼓励老龄经济产业企业走出去。

　　　　　　老龄经济

第三，**实施企业战略**。企业是发展老龄经济产业的主体，老龄经济产业也是未来企业经营战略的重大主攻方向，所有企业都应当参与进来，除了专门从事老龄经济产业的企业，其他企业都应当适时设立老龄产业部门。具体战略包括：一是各类企业要研究老龄经济产业各业务板块的成长路线，研究实施参与老龄经济产业发展的中长期企业战略，明确长期经营战略定位，做好硬件和软件建设；二是国有企业要发挥发展老龄经济产业的资源、体制优势，根据现有条件，挖掘市场潜力，为迎接老龄经济产业黄金井喷期做好战略准备；三是民营企业要发挥发展老龄经济产业的灵活效率等优势，加强民营企业之间的行业联合、民营企业和国有企业的混合运作，加强品牌建设，扩大规模，提高质量，走集团化、连锁化发展道路。

第四，**实施社会组织战略**。社会组织是发展老龄经济产业的重要主体。一是老龄经济产业行业组织要制定行业发展规划，加强行业内研究、行业间交流合作，确保发挥培育企业、行业监管等作用。二是研究出台社会组织以社会企业身份参与发展老龄经济产业的政策措施，在社会组织不断壮大的同时，鼓励已有社会组织和新建社会组织发挥积极参与老龄经济产业的研究、咨询、宣传工作。三是发展中老年人的积极作用，建立相应社会组织，充分发挥其组织中老年人参与老龄经济产业发展的主动性和能动性作用。

第五，**实施家庭战略**。在全面建成小康社会建设目标实现和人民寿命不断延长的情况下，家庭代际之间按照全生命周期事件安排家庭经济，这是发展老龄经济产业的源头。一是研究制定适应老龄社会要求、符合人人长寿生活实际需要的家庭建设政策，强力推动落实新型生育政策，建立健全家庭福利制度，引导家庭成员从健康、金融、技能和资源等方面提高做好全生命周期准备的意识。二是家庭要有家庭成员长寿生活安排战略，做好家庭预算安排和家庭资产安排，确保家庭成员年轻时理性消费、老年时有钱可用，这是实现内循环战略长期可持续的根本。三是家庭要普遍提高金融意识，学习关系老龄社会和长寿生活的金融基本知识。四是家庭要主动参与了解发展老龄经济产业相关企业和社会组织，相关企业也要主动宣传。五是家庭在收入增长的同时，要提高消费意识，破除陈旧养老观念，提高购买老龄经济产业服务和产品的长远效应的认识成本收益意识。

第六，实施个人战略。每个人都是应对老龄社会和迎接长寿时代挑战的主体，也是发展老龄经济产业的终生主体。一是人人都要树立老龄经济产业新思维，把参与老龄经济产业作为终生的必修课。二是在长寿时代，人人都要面临自己长寿的长辈和更加长寿的下辈，都要为自己的长辈和下辈的长寿生活从经济上做准备、做安排。三是人人都要为自己的长寿生活做好经济安排，从40岁开始准备，既可以为自己提供保障，也可以给儿女和社会减少负担。从现在起算，"60后""70后""80后"是重点，他们仍然处在窗口期，不可错过。

在我们向老龄社会的经济转型中，最重要的主体则是拥有远见的企业家，他们是老龄经济的引领者，也是未来国民经济、民族经济、国家经济的希望。

下篇
老龄产业

第六章
老龄文化产业

如果说我们能从经济发展史学到什么东西，

那就是文化会使局面完全不一样。

—— [美] 戴维·S. 兰德斯

老龄文化产业是为人的全生命周期提供
精神引领的产品和服务的产业总和，
其消费对象不只是老年人群体。
老龄文化产业是老龄产业的顶层，
既有文化引领，又有对人的终极关怀。

老龄文化是老龄经济产业链的顶层

什么是老龄文化？从观念形态说，老龄文化主要分为三个层次。第一个层次即宏观层面，主要是指人们对老龄社会的价值判断以及引领老龄社会持续发展的价值体系，包括老龄社会观、老龄社会的价值观、理想老龄社会的观念等。第二个层次即中观层面，主要指对个体全生命周期的价值判断，以及引领个体全生命周期生存发展的价值体系。第三个层次即微观层面，主要指对个体生命老年期的价值判断，以及引领个体生命老年期生存发展的价值体系。

已有的经济产业是以往文化的引领性产物，老龄社会的经济产业也需要老龄文化的引领和塑造。因此，要想在老龄社会发展经济产业，前提是把握好老龄文化的方方面面。

老龄文化产业的重点领域

老龄文化产业是指老龄社会面向大众的文化产业，绝非仅仅面向老年人群体的文化产业。目前，我们正处于老龄社会初期阶段，老龄文化产业需求尚处于潜在状态，需要全面开发，我们现在还很难描画未来老龄文化产业的完整框架和发展体系。但是，未来老龄文化产业发展的方向、脉络和领域已经显现，接下来介绍几个重点领域。

教育培训产业

这是未来精神经济的第一产业。目前，全球经济产业处于深刻转型期。关于转型的方向，有人认为是回归制造业，有人认为是走向信息化、数字化和智能化，还有人认为是从工业转向后工业。这些说法都有一定道理。但我认为，最根本的转型应当是人的需求结构的转变。从人本主义理论来说，在生产供给能力相对过剩的需求经济中，发展手段和载体居于经济发展第二位，发展目的即满足人的需求才是经济发展的第一位要务。从长远来看，转向老龄社会意味着未来人的需求结构的新方向，经济如何面向人的需求结构向老龄社会的根本转变做出战略性调整，是未来经济产业界的第一主攻方向。在这一转变过程中，所有产业都面临新的调整，但最大的调整莫过于人才战略调整。适应这一转变既需要老龄文化事业的重整，例如在现行公共教育体系面向老龄社会需求做出逐步调整，更需要文化产业做出新的努力。未来的教育培训市场空间巨大，以下方面值得关注。

1. **大龄劳动力教育培训产业**。近几十年来，在制造业景气度下滑的情况下，人们逐渐认识到教育培训产业的发展潜力。公共教育体系只能满足职业的基本需要，但经济产业深刻转型特别是经济加速发展态势所蕴藏的教育培训需求，是公共教育体系无法满足的，需要教育培训产业来提供相应服务。特别是随着人口老龄化和退休年龄普遍延长，教育培训产业的潜力越来越大。一方面，人口老龄化导致的劳动力人口老龄化现象日益凸显。中国大龄劳动力人口群体日益庞大。

1990 年，15～59 岁劳动力人口年龄中位数为 30 岁，预计 2030 年将达到 40 岁，之后将在 40 岁附近波动，高位运行。另一方面，2035 年，假定退休年龄为 65 岁，那么，超过 40 岁的劳动力就是"70 后""80 后"整整两代人和一半"90 后"群体；2050 年，超过 40 岁的劳动力就是一半"90 后"和整个"00 后"一代。从目前的受教育水平看，"70 后""80 后"和"90 后"中大学以下学历人口占比不低。据统计，从 1970 年到 1999 年出生的人口总共约 6.4 亿人，相应的 18 年后即 1988 年到 2017 年全国高等学校入学人数共计 1.1 亿人，没有上过大学的大约占 82.8%。随着经济产业转型，这些大龄劳动力中需要接受继续教育培训的人数相当可观。如何根据经济产业的细分需求开拓相应教育培训市场，建立完善的市场化教育培训产业体系，将是未来整个教育培训市场的重中之重。

2. **老龄产业分行业人才教育培训产业**。老龄产业分行业的教育培训产业，是老龄文化产业的重要支柱。目前，老龄产业刚刚起步，人才稀缺，相应的教育培训市场尚未形成。这也是目前老龄产业发展缓慢的一个原因。未来，除了公共教育体系需要转向老龄产业培养人才，老龄产业的分行业教育培训产业将是老龄产业人才的重要来源，更是老龄产业人才职业再教育的渠道。目前，老龄产业主要分为老龄文化、老龄健康、老龄宜居、老龄制造、老龄服务、老龄金融六大产业，在这六大细分产业内部还有进一步的细分行业，其中都涵盖相当广泛的教育培训需求。未来老龄产业分行业教育培训除了专业化、市场化的教育培训机构，各大细分行业的龙头企业内部也将开发自己特色的教育培训体系。

3. **老龄产业分行业客户教育产业**。老龄产业主要是买方市场，赢得客户除了靠营销和宣传，更重要的需要全新的客户市场教育。老龄产业的主体客户是中老年群体，不仅数量巨大，而且需求广泛。老龄产业作为一个新的产业，不仅产业就业人员需要教育培训，产业客户也需要相应的市场教育。每个老龄产业企业除了需要培训自己的从业者，同时他们也应当是客户市场教育机构。从目前的六大细分产业来看，还没有成熟的系统化客户市场教育体系，基本上处于自发状态。当然，客户市场教育不是简单的"圈粉"，而是要实实在在地为客户参与老龄产业提供知识和技能。值得注意的是，从企业来说，虽然未来相当长一段时期老龄产业是买方市场，但企业成功后，就有机会赢得从买方市场向卖方市场的历史性大翻转。因此，翻转前的客户市场教育意义重大。

4. **退休前教育**。许多国家的调查数据表明，退休前后3年期间是一个人生命中十分重要的年份，如果缺乏财务、心理等多方面的提前准备，不仅面临生活质量降低、各种疾病缠身，甚至会出现死亡率小幅抬高的情况。这说明退休前教育十分重要，这也是迈入老龄社会之后需要全社会重视的一个新问题。不仅需要政府、企事业单位对人事退休制度做出新的调整，也需要产业化组织提供相应服务。无论从个人健康、家庭幸福、单位稳定还是减轻整个社会的负担来说，加强退休前教育是今后的一项重要制度安排，也是改革退休制度的重要方向。当然，退休前教育需要大量资本，需要个人、政府和企事业单位共同承担。从改革的方向看，各单位直接举办退休前教育也是一项选择，也可以购买相应服务，这是今后教育培训市场的一个新方向。专门社会机构或者老年教育机构可以开展这方面的业务，为人们退休提供良好的教育服务。

5. **老年教育产业**。面对老龄社会特别是超老龄社会，发展老年教育产业意义重大。如果说青少年教育主要是就业准备和人生成长教育的话，那么老年教育就是准备退出制度性就业教育、帮助个人选择性终生劳动教育和提升人生体验教育。可以说，老年教育产业是未来老龄文化产业的支柱产业。和以休闲娱乐为核心的老年文化产业不同，老年教育产业主要以知识和技能为核心。中国老年群体人口庞大，仅仅依靠公共老年教育事业无法满足需求。据统计，截至2019年年底，中国老年大学（学校）有76 296所，在校学员1 088.2万人；远程教育学校有6 215所，远程教育教学点36 011个，注册学员340.3万人。合计接受老年教育的总人数还不到目前2.6亿老年人口的5.5%，各地老年大学一张课桌难求已经成为常态，发展空间巨大。未来，随着人们生活水平提高特别是收入水平的大幅提高，具备老年教育购买能力的老年人口规模将快速攀升。老年教育产业发展缓慢的原因是多方面的，但总结起来最重要的原因在于观念层面。一是人们认为老年教育是公共教育，不能走产业化道路。这种观点具有片面性。老年教育既有公共事业的属性，主要是满足人们特别是中低收入群体的需求，但更有私人属性，即满足人们更高层次的教育需求。更重要的是，在现阶段，"40后"以前各代老年人收入水平普遍较低，政府应当为他们提供公共教育资源。但长远来看，对中高收入老年群体来说，特别是随着"60后""70后"退休潮到来，如此庞大规模的教育需求是政府无力独自承担的，今后，老年教育走事业和产业两轮驱动是必然趋势。因此，老年公共教育事业仅限于收入较低的老年群体，其他均属于老年教育市场的范围。二是没有真正对老年教育的功能做出科学定位。目前的老年教育主要沿用源于老干部制度中老有所学的体系安排，着眼点在于丰富晚年生活、陶冶性情等基本需要。如何应对老年人口大幅增长，举办养老机构、兴办老年护理机构等虽然成本高但非常必要，但仅仅囿于这些做法，属于被动应对，不符合主动应对的国家战略要求。事实表明，老年教育是低成本应对人口老龄化的根本战略。过去，人们常说，多办一所大学就可以少办一所监狱。现在，面临老龄社会的压力，多办一所老年大学，就可以少办一所养老院或者老年护理院。所以，发展老年教育产业不仅具有经济潜力，更有战略意义。

未来中国老年教育市场巨大的商机，已经引起境外机构的高度关注。我们需要从文化安全和国家战略的高度，重视老年教育产业的发展问题。一是大力培育一大批市场化老年教育机构。二是从土地政策上给予倾斜对待，也可采取改建、租赁、置换等多种形式，按公建民营、民建公助等方式解决用地用房问题。三是加强老年教育教材和师资队伍的建设和支持力度。四是加强教育质量监管。总之，要通过指导、引导、支持和监督形成一批老年教育集团，为日益增多的老年人提供专业化、系统化教育服务，覆盖老年生活方方面面。从某种意义上说，抓住老年教育产业就抓住了老龄产业的牛鼻子。我们也可以想象，未来的老龄产业集团有可能本身就是一个老年教育产业集团，或者一个老年教育产业集团本身也是从事其他老龄产业细分行业的集团公司。

以上只是我对老龄社会教育培训产业的未来发展提出一些线索，考虑到老龄教育培训产业的具体业态以及与其他产业的融合发展，例如老少共融教育、老年教育与养生休闲产业融合发展等，未来老龄教育培训产业的发展前景值得期待。值得强调的是，虽然当前发展老龄教育培训产业面临诸多困难，但这不能否定未来这一巨大产业成为塑造整个老龄经济产业和老龄社会的顶层产业的必然趋势。

文化创意产业

文化创意产业是整个文化产业中最具成长性的新板块，它的本质在于文化对接经济或者经济对接文化的创意。从世界范围来看，文化创意产业占 GDP 的比例，发达国家一般在 8%～12%，日本更高，接近 20%（含旅游产业等），中国还不到 4%。实际上，文化创意产业已经成为经济产业发展阶段、发展水平和发展层次的重要标志。不过，从消费对象来看，目前全球文化创意产业的重心是面向年轻人的消费需求，甚至有人直接把文化创意产业等同于为年轻人服务的产业。

实际上，我认为，这是全球文化创意产业发展面临生命力不足和缺乏后劲的根本原因。因此，老龄社会发展文化创意产业，最重要的是关注生命主体结构的重大变化，也就是关注人口的老龄化或者向老龄社会、长寿时代的文化需求变迁。实际上，最重要的不是具体的文化创意产品和服务，而是要找到未来发展文化创意产业的战略主攻方向。当然，年轻人仍然是老龄社会文化创意产业的重要消费群体。不过，我们要做的是从不分年龄人人平等的文化眼光出发，看到掌握社会财富的中老年群体的文化诉求，建构更高层次，适应老龄社会要求的文化创意产业。

文化创意产业发展历史源远流长，但专业化、规模化的文化创意产业发展始于20世纪50年代，至今只有半个多世纪，目前正遭遇全球经济产业结构深刻转型的考验。其中，适应老龄社会新需求的战略性调整，全球文化创意产业需要考量双重逻辑：一是人本主义逻辑，即文化创意的目的是引领人、塑造人、服务人，这就要求文化创意产业从长寿时代每个人的生命意义出发，来重新审视和建构符合老龄社会要求的文化创意产业的观念、理念和发展模式。二是科学技术逻辑。日新月异的科学技术是文化创意产业的工具，这需要不断吸收利用最新科学技术成果，推动文化创意产业推陈出新。但是，需要注意的是，文化创意产业不是科学技术的奴仆，而是以科学技术为工具实现人本主义逻辑的根本要求。未来文化创意产业须奉行人本主义逻辑左右科学技术逻辑的重要理念，真正做到文化创意产业回归文化本真，即引领人、塑造人和服务人。由此来看，适应老龄社会要求的文化创意产业大体上将会经历三个阶段。

第一阶段，即在目前老龄社会初期阶段，文化创意产业需要重整旗鼓，在继续已有的产业实践的同时，重点探寻老龄社会的文化需求特征、需求内容、需求结构和需求偏好，并据此做出创新性尝试，找到文化创意产业适应老龄社会的新的发展模式。第二阶段，在老龄社会中期阶段，文化创意产业将沿着成熟发展模式进入快速发展阶段。从某种意义上说，传统社会的物质短缺，文化创意产业只能依附于物质资料的生产消费过程。而在物质资料相对过剩、物质消费相对疲软的老龄社会，文化创意产业将有条件摆脱物质资料生产消费的束缚，获得独立发展的巨大空间，实现真正发展精神经济的目标。我们不能离开物质经济来空谈精神经济，但要超越物质经济来发展精神经济，这是文化创意产业存在的理由。第三阶段，在老龄社会高级阶段，全球文化创意产业将迎来大发展、大繁荣，它所孕育的所有文化理念将渗透到社会生活的方方面面，引导人们在一举手一抬足之间，充分体验到做人的价值、意义和况味。当然，文化创意产业未来框架的细部我们现在还难以描画，但以下方面值得引起高度关注。

1. **出版产业**。出版产业是文化产业的重要组成部分，但面临信息化、电子化、智能化的全面冲击而运行艰难。不过，认真分析，其中受冲击的只是出版业的传统生产消费方式，即纸质出版物。但是，这些纸质出版物所承载的内容并没有被替代，它们以电子出版物、智能出版物等形式活跃在市场中。这说明，作为出版产业的根基，即"内容为王"的根本发展方式，也体现观念、思想、理论等文化创意的基底依然如故。在这种情况下，如何发展适应老龄社会的出版产业，不妨从以下几点着手。

第一，继续坚持内容为王，出版产业的发展前景是永恒的。发展的关键在于发现新观念、新思想和新理论以及运用符合时代要求的出版方式和出版载体进行出版。第二，老龄社会带来日益庞大的老年人口群体，他们是纸质出版载体的高黏性消费者，抓住他们就是抓住了基本消费群体。可以预言，当今天热衷于电子化阅读的青少年一代行将老去，他们钟爱的出版方式也是未来出版产业需要关注的地方，并且现在就要有所准备，我们不能因为日新月异的科学技术冲击出版业而否定今天电子化出版方式。因此，老龄社会的出版产业，既要关注出版载体、出版方式、营销方式以及消费场景等问题，更要关注出版产业的消费群体及其年龄偏好。第三，把出版产业的重心回归到老龄社会的真实需求上，以"内容为王"原则，不断推出符合不同人生阶段和不同年龄群体的出版产品，并提供年龄友好型出版物服务场景和服务方式。这就需要出版产业除了处理好新旧出版方式在产业发展中的关系，更多关注青少年、中壮年和老年三大年龄群体对文化内容的真实细分需求。还要关注全生命过程中延续性的文化内容需求。第四，已经面世的出版物如何结合电子化阅读等技术变迁和老龄社会不断演化的趋势再生，也是出版产业需要深入开发的文化市场。第五，信息化、数字化和智能化带来的电子化阅读非常方便，但问题也很多，例如信息垃圾化、碎片化、对视力造成的危害日益严峻等。在阅读电子化浪潮中，传统阅读方兴未艾。这说明人们还在新旧阅读方式中不断探寻更加友好的阅读方式。第六，纸张广泛使用导致对森林资源的破坏严重。电子化阅读是一种重要的替代性尝试，未来出版产业应在传统纸媒和电子媒介基础之上找到新材料技术革命的突破口，走绿色环保、视力友好型发展道路。第七，要更加关注出版产业与其他产业的融合，充分利用跨界运营战略开发出版产业新业态。随着老龄社会的到来，一方面，中产阶层日益崛起；另一方面，人们的寿命还将进一步延长，应考虑结合老龄社会新的生活方式开发出版产业新形态，如发展都市综合功能的图书馆、建设多功能社区图书阅览中心等。出版产业须跳出固有的圈子，坚守"内容为王"的原则，努力为人们提供多元化阅读方式，推动出版产业既能跟上科学技术日新月异的步伐，又能引领人们提升文化位阶，造就老龄社会和长寿时代出版产业的商业复兴。

2. **设计管理产业**。这里的设计主要指工业革命以来物质产品制造的工艺设计，遍及人们生产生活的一切物质层面。实际上，从物质资料的生产消费来说，人的行为就是按照自己的功能需要和审美尺度改造自然物质形态，这自然离不开工艺设计的理念和方式。但工艺设计的开始和完成又需要遵循自然物性逻辑和人类审美尺度双重标准，二者缺一不可。在物资匮乏的社会，特别是在农业革命和工业革命早期阶段，物性逻辑是物质资料生产的第一逻辑，即通过物质产品实现自然物质与人的物性需要的对接，以便满足人的生存需要。到了工业革命后期阶段，当大众生活水平普遍提高之后，人的审美尺度日显重要，建基于成熟工业化的工艺设计理念浮出水面，并开始获得独立发展的条件和空间，对工业化深度演进的引领作用日益凸显，并渗透到人们生活的方方面面。从工业制品到生活用品，从私人用品到公共用品，从居住建筑到道路设施，无不打上工艺设计的深刻烙印。可以说，工艺设计已经成为人们物质生活的引领，而工艺设计也脱胎换骨，从工业制造中分离出来，成为独立学科和行业，并进一步演进成为影响现当代人们生活方方面面的设计管理产业。

长寿时代悄然来临，以关注人的发展为本的设计管理产业，需要面对社会形态转变做出全面回应，以谋求自身的长远发展。需要强调的是，老龄社会的设计管理产业不仅仅是增加一个老年人的设计视角，或长寿的视角。我们需要从更大视野来重新审视未来老龄社会、长寿时代与设计管理产业的演进关系。

按照人本经济的发展逻辑，设计管理产业如何破除发展困境，走适应老龄社会要求的持续发展之路？设计管理产业需要重整旗鼓，从以下方面做出符合时代的创新回应，实现适应性创新发展。

第一，要全面梳理设计管理产业发展面临困境的根源。目前，全球经济结构面临全面深刻转型，新冠肺炎疫情加剧了这一转型的阵痛，也可能会拉长阵痛期。只有找到困境的原因，才能找到转型的方向和路径。我们从人口年龄结构的老龄化和高龄化，这一需求侧基本面的深刻变化来看，人口老龄化特别是高龄化会加剧贫富差距进而使社会总需求增长乏力。因为老年人数量增加，收入来源呈递减趋势，而且消费周期因寿命延长而拉长。而中国经济正处于上升阶段，社会总需求还没有完全释放，10 亿人口迈上中等收入阶层蕴含的经济动能是迈入老龄社会的发达国家无可比拟的。同时，中国的人口老龄化刚刚进入快速发展期，高龄化压力将在 2040 年之后才会出现，社会主义经济制度在解决贫富差距导致社会总需求乏力上有其优越性。更重要的是，全球经济结构转型调整的本质在于社会总需求结构的转型调整，这是设计管理产业面临诸多困境的根源。总之，全球经济结构转型的核心是解决社会总需求乏力这一根源性问题。其中，设计管理产业的适应调整至关重要，需要转变观念，从社会总需求中找到启动经济的可能性空间。

第二，要找到设计管理产业引领整个经济产业发展的持久动力源泉。设计管理产业绝不是简单的审美设计，而是对接需求和供给的产业观念的创新和安排，是整个经济产业体系的先导产业。设计管理产业发展的重要引领作用，在于能够发现需求、引导需求并对接供给，从而在全球经济结构转型调整中发挥不可替代的作用。如何根据老龄社会新需求及其结构和动向，发展新需求、引导新需求，这是全球经济结构战略调整找到新的持久动力，实现向好向上发展的主要方向，也是设计管理产业摆脱发展困境，找到发展动力源泉，引领整个经济产业行稳致远的根本。

顺应社会总需求结构的新动力源泉，瞄准全球经济转型调整的战略趋势，在长寿时代和老龄社会，设计管理产业的主脉络就是找到应对人口老龄化和高龄化的发展道路。从全球实践来看，应对人口老龄化的根本在于人的主动性、适应性和创新性。具体来说，一方面，人口老龄化并不可怕，如何避免人口过度老龄化才是关键。这就需要全社会重新调整生活方式，适应漫长的长寿生活，这些是设计管理产业可以有所作为的新的广阔领域。另一方面，我们之所以对老龄社会感到焦虑恐惧，很大一部分原因是我们以传统观念面对已经到来的老龄社会和未来的超老龄社会。如果建立适应老龄社会和长寿时代的新发展方式，那么许多问题就迎刃而解。这会涉及经济发展的诸多领域，这些领域都是设计管理产业大有可为的广阔空间。

第三，要从根本上树立设计管理产业的新发展逻辑。设计管理产业是为产品制造、服务供给、最终消费及其售后管理提供分行业全产业链的引领性理念安排和具体设计。从理论上来说，发展逻辑是分层次、系统化的，主要包括以人性逻辑为指归的物性逻辑、形式和内容相统一的逻辑、本土文化与跨地域文化相统一的逻辑等。从实践上来说，一是在人与自然关系上树立恢复自然生态的新发展逻辑，不仅要在设计上预设产品服务的制造提供和消费做到被动性、强制性的节能环保，还要以先进的设计技术为人们主动参与恢复自然生态环境提供创新性的理念引领、精神激励和无障碍操作。二是在人与人关系上树立认同意识的新发展逻辑，通过设计环节把情怀和消除斗争的坚定理念植入产品和服务的整个产业链条之中，在民族品牌塑造的过程中设计全球性产品和人性化服务。三是在人与人关系上树立人人向上的新发展逻辑，即通过设计实现产品和服务消费，来满足人们生存性的物质需求、发展性的服务需求、提升性的精神需求和工具性的媒介需求。当然，更重要的是，要顺应老龄社会和长寿时代带来的全新需求，把这三个层次的逻辑渗透到相应产品和服务制造的各个环节，唯有设计管理产业才能做到。因此，设计逻辑至关重要，而设计管理产业未来成功的前提就在于，其设计逻辑要对接老龄社会和长寿时代的人们走向理想状态的预期与关切。

第四，要对设计管理产业巨大发展潜力做出变现的战略安排。如何使老龄社会和长寿时代的需求结构发展潜力变现，这是设计管理产业乃至整个老龄经济面临的最具挑战性问题。具体来说，主要包括以下方面：一是厘清新需求。目前全球已步入老龄社会，开展相应国情地情调查、细分市场需求调查越来越多，但相应的设计管理产业市场调查还比较少。今后，设计管理产业需要扎根现实，针对相应总体和细分市场需求做出深入调查研究。调查研究过程就是宣传过程，如果把相应设计理念预先植入，这样的调查实际上也是设计产业落地变现的最有效措施。二是发挥引领作用。厘清需求只是了解消费者已知需求的重要措施，但是，设计管理产业企业不能只做消费者的应声虫。消费者需求是一个大课题，最难的问题就是消费者自己不知道自己需要什么。需求经济的最大问题是弹性需求的不确定性，在这种情况下，设计管理产业的作用显得至关重要。我们现在面临的经济问题之一就是刚性需求越来越少，弹性需求越来越多。事实上，在弹性需求开发上，设计管理产业是引领者，制造商和营销商反而成为设计理念的实现者。总之，面对弹性需求，如何使潜力变现，这取决于设计管理产业。这就要求设计管理产业有培育新消费市场的一整套产业设计。三是从战略上做准备，例如资金等要素的配置，但根本是面向老龄社会和长寿时代的新需求，实施好设计人才的教育培养、储备和开发。四是在技术上做出更大创新，先进科学技术特别是席卷全球的信息化技术、数字化技术、智能化技术，是设计管理产业实现持续发展，将巨大潜力变现的核心支撑，但问题在于如何对接不确定的弹性需求，或者说，最有效的方法可能是利用先进科学技术把人们的弹性需求转换为半刚性需求乃至准刚性需求。五是以观念为王营造新生产方式和生活方式。从某种意义上说，设计管理产业从事的是经济事务，但实际上从事的是文化事务，从终极意义上说从事的又是哲学探索。老龄社会人人普遍长寿需要什么样的经济支撑，需要什么样的生产生活方式，需要设计管理产业做出系统性、创新性的回应，其根本是要创新适应时代要求的一系列生产生活方式的观念。

第五，要为中国成为设计管理产业强国做准备。在全球老龄化和向老龄经济转型背景下，如何实现经济强国目标，老龄文化设计管理产业发展具有重大战略意义。为此，国家要从战略上高度重视设计管理产业，并从政策、人才、资金等方面做出战略安排。同时，龙头企业也要从战略上高度重视设计管理产业，并积极参与设计管理产业应对老龄社会和长寿时代的产业探索实践。设计管理产业企业更要盯准优先领域做出全面和分阶段安排。可以预见，未来将出现一大批面向老龄社会的设计管理产业企业，它们或将成为未来中国乃至全球老龄经济文化产业的引领者。

3. **传媒产业。**自工业革命后期以来，特别是伴随传播载体的现代化、信息化、数字化和智能化，传媒产业日趋发达，并赢得独立发展的产业地位，已经广泛渗透到人们生产生活的方方面面，未来的作用将更为凸显。传媒产业的核心是打造品牌，关系企业的形象生命和供需市场走势。传媒产业的独特性在于其放大功能，但这种放大功能仅限于现有产品和服务潜在的可放大边界。从某种意义上说，传媒产业反映当下，是连接供给端和需求端的桥梁。比如从当前各种媒体广告的展示频次、投放量等综合指标看，主要反映的是刚性需求经济，未来将会出现其他诸多新产品和新服务。这说明传媒产业中的产品结构实际上反映的是经济结构、经济阶段、经济层次和经济水平。但是，只有通过发达的传媒产业，那些面向未来具有引领性的产品、服务及其品牌才能落地生根，从瞬间成潮形成持续巨流。现在的问题是，面向未来的老龄社会，传媒产业应当何为？

目前，人口老龄化与信息化、数字化和智能化交相作用，引发了传媒技术革命，整个传媒产业既面临挑战，也面临机遇。面临的挑战，如日益发达的传媒载体，诸如手机、网络等数字化服务技术带来的老年数字鸿沟问题日益加深等。简单来说，在大数据时代和人口老龄化的叠加影响下，如何面向青少年人口、中壮年人口和老年人口，开发满足不同人群的传媒偏好，是未来传媒产业界需要思考的重大课题。同时，着眼未来，随着中老年人口的大幅增长，如何满足黏性好、有过剩注意力和精力的广大中老年人口的传媒需求，这是传媒界面临的重大机遇。为此，传媒产业需要关注以下方面。

一是广泛宣传老龄经济将重构未来经济的新观念。中国经济体和世界各经济体正在转向老龄经济，如何提升整个经济产业即社会供给端的转型意识，推动各级各类企业积极参与这一经济战略转型，如何提升全社会对老龄经济的认知即社会需求端的转型意识，传媒产业负有重大的历史责任和历史使命。需要强调的是，传媒属于社会的第四部门，既是社会的"免疫系统"和"保健医生"，同时自身也存在缺陷，这就是"公共媒体失灵"问题，即传媒本应是启发大众、引导共识的，但若出现误导，危害也十分深刻。这就需要传媒界深入了解老龄社会，做有思想的引导者。当务之急就是要关注整个经济产业体系向老龄经济转型的历史趋势，而不能囿于当下人们熟知但范围不够广泛的养老经济、老年人经济和银发经济。

二是打造全龄化传媒体系。目前，我们进入了融媒体时代。传媒体系正在从垂直型走向扁平化。垂直型即媒体是分层次的，从上到下有一个严格的管理体系。扁平化即媒体各自分立，没有紧密的上下关系。垂直型体系存在效率问题，扁平化体系却存在信息碎片化等问题。今后传媒体系的走向应当是垂直型和扁平化相结合。同时，传媒产业的突出特征在于其准公共性，即虽然是产业，但同时也是社会公正和市场公平的化身和象征。既要维护需方的利益，又要支持供方的持续发展，还要考虑自身财务的长期均衡。当然，和文化产业的根本在于"内容为王"一样，传媒体系也概莫能外。未来的问题在于，现有媒体和未来媒体如何围绕老龄经济产业这个"内容"开展相应媒介服务。目前，传媒体系在信息化、数字化和智能化快速发展过程中不断推陈出新，发生了巨大变化，新媒体技术层出不穷，但从内容上来看，依然是以青年为主。如前所述，老龄经济产业关联着各年龄群体，是每个人未来全生命周期长寿生活的基本支撑。应面向所有年龄群体，特别是面向规模日益庞大的中老年人口，实现传媒产业受众群体的结构性转型，即既要满足年轻人的偏好，也要关切真正有支付能力的中老年人口，同时，要从人性深层次需求出发，抓住各年龄群体的共性，打造传媒产品体系。传媒的本质在于传播范围和受众群体的最大化，现实的情况却是，现代传媒技术的分年龄化，这是老龄社会打造全龄化传媒体系要破除的重大障碍。

三是充分发挥市场教育的强大功能。老龄经济对于广大受众来说，是一个新领域。例如，全球范围内特别是发达国家人们普遍焦虑的问题是"老后破产"，在寿命不断延长的情况下，"老后破产"问题可能比我们想象的更为严峻。从人口老龄化最严峻的日本的情况来看，"老后破产"问题十分复杂，既有制度问题，也有宏观经济问题，但年轻时健康和金融等准备不足的观念问题也是十分重要的原因。调查显示，许多"老后破产"的日本老年人普遍认为，勤勤恳恳一辈子没有想到老后竟如此不堪——孤立无援，诸病缠身，求死不能，还要活很长时间。对于中国来说，这一教训值得反思。因此，面向 20~60 岁年轻人口传播老龄健康、老龄金融等观念，就不仅仅是关系未来老龄经济能否繁荣的经济问题，而且是更为深刻的社会和政治问题。对于中老年群体来说，如何应对衰老和越来越长的老年期，这也是摆在全社会面前重大而深远的系统性问题，涉及人们生活的方方面面。其中，如何了解日益繁多的老龄用品、老龄服务、老龄金融等为自己的后半生做打算，避免"老后破产"，这是老龄社会传媒产业的重中之重。目前，中国老龄经济产业发展面临诸多深刻问题，其中最重要的问题不仅仅是支付能力问题，还有具备支付能力后的老龄经济通识教育问题，如老龄经济究竟是什么，老龄产业是什么。目前全社会对于老龄经济，除了养老服务、健康服务，其他认识还不够全面。总之，中国老龄经济产业的市场教育才刚刚起步，许多领域还没有破题，这是未来传媒产业发挥作用的巨大空间。

四是倾力打造老龄经济企业品牌。进入 21 世纪以来，特别是最近十年来，中国老龄经济产业快速起步，相关企业如雨后春笋，但在全国企业总量中占比很小。不过，未来的老龄经济产业企业总规模将难以估量，相关的产品、服务以及标志老龄经济产业的品牌将无以计数。简言之，老龄经济的供给端对未来传媒产业的需求潜力也是可以预见的。对于发展老龄经济产业来说，市场教育是传媒产业面向需求端的事务，但面向供给端的事务才是传媒产业的重心。需要强调的是，在传媒产业越来越扁平化的未来，相关集团企业本身就是一个媒体，而中小微企业也应当是传媒产业界关注的重点对象。实际上，如何发现独具潜力的中小企业，并通过传媒产业的持续运作，打造一大批老龄经济产业的集团企业，才是传媒产业的未来主攻方向。

五是营造老龄经济产业氛围。传媒是一个国家文化的重要象征，也是经济产业的重要引领者。从理论上来说，有什么样的受众就有什么样的传媒，反过来亦然，有什么样的传媒就会有什么样的受众。换言之，传媒和受众是相互形塑的。不过，传媒始终应当处在引领受众的上位。基于此，自媒体时代，发展老龄经济需要传媒界抓住机遇，迎接挑战，逐步调整传媒发展战略，大力整合传媒新技术、新资源，集聚各年龄群体的注意力，充分整合所有自媒体资源，跳出"养老经济""养老产业""老年经济""银发经济"的小圈子，拓宽视野，创新理念，整体提高全社会对老龄经济产业的认知水平，为全面推进经济要素在各年龄群体之间，特别是资源在家庭和社会代际之间充分循环，进而推动未来老龄经济的繁荣发展，提供强大的舆论支持，并实现向适应老龄社会和长寿时代要求的传媒产业战略转型。

艺术产业

文化产业的共同特征是"内容为王、形式为后"，艺术产业的这一特征尤其突出。我们知道，艺术有其永恒密码，这就是著名哲学家李泽厚所说的映现人性并积淀形成独特的文化心理结构，进而成长为反映不同时代人们审美理想、审美趣味、审美模式的艺术精神。从历史阶段来说，不同时代的艺术内容各异、形式各具特色，但从艺术的总脉络来看，不同时代的艺术有其共性，这就是上述映现人性并积淀形成独特的文化心理结构。艺术贵在求异，以映现和引领不同时代人们的精神生活。

老龄社会，发展面向绝大多数人的艺术产业，才真正称得上艺术产业革命。换言之，如果说工业革命主要是解决大多数人"活下来""活得长"的问题，那么，艺术产业革命则主要解决覆盖绝大多数人"活得好""活得有趣""活得有意义"的问题。老龄社会将迎来艺术产业的革命，长寿时代将是艺术产业的兴盛时代。

当前艺术产业领域的问题十分严峻：一是面向大众的艺术产业主

要聚焦于年轻人。二是日新月异的科学技术，特别是信息化、数字化和智能化技术在艺术产业领域的广泛应用，使得艺术产业从"内容为王"走向了"形式为主"。三是艺术产业领域滞后于长寿时代和老龄社会的步伐，面向大众"活得有趣""活得有意义"的创新艺术出现时代性空白。

纵观各艺术门类，美国的新艺术产业跟随其科学技术方向主要指向未来艺术，中国艺术产业的优势在于积淀深厚的传统艺术，但当前最迫切的艺术产业痛点却是人们的现实需求，满足当代人艺术需求的产品服务空前匮乏。面向未来，艺术产业要思考的问题很多：一是回应精神苦难。迈入长寿时代和老龄社会前后，人们的精神疾病日益突出，抑郁症已经引起广泛关注。不仅老年人感到精神焦虑，中年人更是精神压力巨大，而年轻人精神崩溃的现象也是有增无减，甚至少年儿童也感到诸多"精神无助"。二是引领精神指向。我们正处于老龄社会初期阶段，未来的境况应当是什么？究竟如何生活才能活得有趣？不同年龄群体的人应当如何消遣？这些问题正是关系绝大多数人艺术文化消费的主题，也是未来各艺术门类产业化的主题。三是精神安抚。人口老龄化最严峻的日本是老龄社会的前沿实验场。进入21世纪以来，特别是2008年"金融海啸"以来，日本社会暴露出来的问题越来越多，诸如年轻人中"低欲望族"和"佛系青年"群体规模越来越大、"老后破产"现象不断蔓延等。活着的意义何在，日益成为日本民众讨论的一个中心话题。这个问题也正在成为中国各代人越来越关注的问题。

利用现有先进艺术形式和媒体平台，围绕不同年龄人群的特殊需求和共性需求，未来影视艺术产业、表演艺术产业、视觉艺术产业、听觉艺术产业、形体艺术产业以及建筑与环境艺术产业等细分领域面临诸多选择，开发难度毋庸置疑，但发展潜力也不容否定。仅仅面向规模日益庞大的中老年群体广泛参与的亚文化艺术产业（如老年文化艺术产业，具体如老年舞蹈等产业）的开发还没有完全破题，发展前景看好。此外，值得强调的是，目前，中国有 2 514 家县级以上广播电视台，36 家教育电视台，频道以及栏目节目众多，网络平台不计其数，这些媒体要实现"内容为王"，艺术产业的作用举足轻重。值得关注的是，现代艺术产业的发展走向是跨行业运作，例如涉及生理学、心理学、脑科学、社会学等多学科的艺术治疗产业方兴未艾。实际上，"治愈"一词最能体现未来艺术产业的发展走向，这就是通过各类艺术产业形式，为各类人群提供精神慰藉，以应对因追求物欲而导致精神世界贫瘠，也包括应对老后漫长时间的精神世界的空寂、失落和孤独。目前我们还难以对未来老龄社会成熟的艺术产业形式给出细致的描画，但艺术产业担当的重要作用预示着未来该产业拥有巨大前景，值得我们做出更大努力，因为艺术产业关乎我们拉长了寿命的生命价值和生命趣味。当我们满足了基本物质需求，看到前面还有很长一段人生路要走，我们有滋有味地活下去的目标、理由、阶梯，在很大程度上要靠艺术产业的引领和支撑。

旅游休闲产业

中产阶层崛起是迈入老龄社会的部分动因，标志中产阶层崛起的重要象征就是人们逐步摆脱生计束缚、赢得充裕丰富的闲暇时光。从发达国家的历史和现实来看，随着经济社会快速发展，特别是人口老龄化进程的加快，旅游休闲产业迎来了真正意义上的庞大消费群体。旅游休闲产业对消费者的硬性要求只有两个：一个是支付能力，另一个是时间精力。可以说，旅游休闲产业在老龄社会具备全面勃兴的时代条件。从国外旅游业消费群体的年龄结构来看，中老年人口占比超过50%。目前，中国旅游业消费群体的年龄结构，中老年人口占比接近30%，而在非节假日和长时段旅游人口中，中老年人口超过50%。随着经济社会发展，人们收入水平提高，"60后""70后"相继迈入老年，未来中国的中老年人将成为旅游休闲产业的更大主体。

当然，新冠肺炎疫情全球大流行对旅游休闲产业及其带动的信息咨询、交通运输、宾馆酒店、旅游目的地机构等产业的影响是巨大的。现在要考虑的问题是全球后疫情时代，面对老龄社会特别是长寿浪潮带来的旅游休闲需求应当做何战略准备。一是相关产业主体要制定实施旅游休闲产业发展战略。后疫情时代或将迎来全年龄人口旅游休闲消费的报复性增长。同时，将迎来中老年旅游休闲消费的持续需求。因此，相关企业需要充分利用这一增长契机，建构完善服务体系，强化企业品牌，为进一步赢得更多中老年消费客户奠定基础。可以说，此次旅游休闲产业的报复性增长将是前所未有的，将决定未来旅游休闲产业的基本格局。二是努力打造适应中老年群体需求的理想目的地及其战略整合服务体系。目前的康养产业、文旅小镇、旅居养老、民宿产业发展，是未来旅游休闲产业的初步试水，面临的诸多问题需要深入分析，比如通过相关行业战略整合排除中老年人旅游休闲消费的障碍，如子孙看护、宠物代养、花草代养、家庭安全保障等；解决中老年人参与旅游休闲消费的多主体决策机制问题，人际关系特别是代际关系问题等，即消费者的消费背后是子女、老人配偶以及同辈人选择的互动决策机制；最大的问题还是要解决旅游休闲产业人才问题。三是高度重视家庭短期旅游休闲服务，如亲子旅游、亲老旅游、情侣旅游等。四是从城乡空间上重新安排旅游休闲产业，城乡差异是未来旅游休闲产业的一大机遇，这里不仅有更多由于乡愁、气候、温度、环境、资源、文化等自然和人文差异带来的选择，更是价格洼地运作和低成本运作的巨大空间，也寄托着未来几代人的生活期待。五是开拓创新。目前，中国大量国有旅游资源开发利用严重不足。后疫情时代会迎来国内外游客对旅游休闲的增长浪潮。对此，中国旅游休闲产业要做好充分准备。此外，要跳出旅游休闲产业的圈子思考问题。我们往往把消费者特别是中老年消费者当作纯粹的旅游消费者，这是片面的。他们并非是纯粹的享受生活者。在他们心中，老年期到来固然可以优哉游哉，但他们更看重个人价值的实现，希望能为社会做些事情，实现更大价值，获得更加广泛的认同。这就提示我们，需要把旅游休闲与发挥老年人作用结合起来，既能扩大消费，又能帮助老年人贡献社会，实现个人自我价值。为此，旅游休闲产业从业者需要更新观念，特别是针对中老年人开发旅游休闲产品时重新定位，做出新的战略运营安排。

需要指出的是，老龄社会旅游休闲产业不只是旅游行业，还涉及数字化休闲娱乐如动漫、电竞等，虽然目前的主要消费对象是青少年人口，但这些人口是会成长的，会成为中年人、老年人，因此，这些产业同样需要对消费者群体进行年龄分类，并开发适销对路的数字化产品。值得一提的是，一些智能化、数字化休闲娱乐或者游戏产品，目前在阿尔茨海默病预防治疗、失能老年人康复护理中的作用日益突显，未来的前景也十分可观。

文化综合体产业

迈入老龄社会，围绕青少年群体的综合服务设施同样需要，也同样面临利用效率低下的问题。但老年人的情况不同，他们拥有更多的时间和精力，更愿意走出家门，走向社会，却没有好的去处，只能加入路边的象棋摊、路灯下的舞蹈队等。实际上，这些现象预示着未来富裕起来的新一代老年人的需求，这就是都市乡村建设星罗棋布、规模大小各异的文化综合体，同时也可以涵盖以上教育培训、文化出版、艺术产业等文化产业内容，更可以辐射老龄健康、老龄金融、老龄服务等其他产业内容和服务。有了这样一个发达的文化综合体,发展老龄社会文化产业就有了根基。实际上,结合现有青少年活动中心和妇女活动中心利用效率低的现象,我们完全可以按照"老少共融"理念,在政府支持下,打造面向各年龄人群的强大文化综合体,为全体消费者提供丰富的文化服务。例如在现有青少年活动中心和妇女活动中心以及群众文化馆体系的基础上,打造面向各人群,覆盖本社区、本区域的文化综合体,把相关文化服务功能涵盖进来,周一到周五主要面向老年人开展服务,而周末面向其他人群开展服务。不过,这就需要文化事业面向老龄社会需求的改革,在抓好文化事业的同时,也可以创造条件、盘活资源、推动文化产业的发展,或者通过购买服务来实现。"老年广场舞"缺乏场地,而许多文化场所却闲置浪费。这就需要我们根据日益增多、高度依赖体验经济的中老年群体重整资源,发展适应老龄社会需要、对接各年龄群体多元需求的文化综合体。这是未来的方向,也是一个商机无限的发展模式,需要政府与市场双向互动,共同发展。中老年版的迪士尼乐园不是没有可能,中老年版的万达广场也许是未来的一个方向。

文化市场研发与管理产业

从以上多方面来看,未来适应老龄社会的文化需求不仅层次多元、结构丰富,而且发展势头十分旺盛,相关文化产业企业也将不断涌现,相应文化产业板块也会迎来发展机遇。在这种情况下,相关文化信息咨询产业、文化研发产业、文化投资运营产业、文化经纪产业也将相伴而生。囿于篇幅,不再详细描述,但需要强调的是,这些具体产业的从业者需要立足当前,放眼长远,在厘清老龄社会各年龄人群需求结构、方向、偏好和特征的基础上,要从文化产业自身发展逻辑出发,更加重视其他细分行业企业的实际需求和阶段性变化,全面把握相关文化产业企业的战略方向，外树品牌，内强实功，打造专门面向相关文化企业的战略咨询和投资运营服务体系。理论结合实践来说，产业的根本是供给端面向需求端展开相应产业链条，而产业研究的重心就是要为供给端提供战略咨询和投资运营服务。

以上仅仅是对老龄文化产业未来发展领域、方向和框架提供一些线索，至于未来的产业细部、具体业态、与其他产业融合发展的创新方式，以及各细分行业带动其他行业的联动发展机制，这些都需要我们深入探索。这里没有确定的发展模式，唯一可以确定的是，未来老龄文化产业意义重大且潜力无穷。2020 年年底，全国规模以上文化及相关产业企业营业收入 9.85 万亿元。其中，根据经验判断，老龄文化产业的产值占比不可能太高。但是，着眼未来，考虑到中老年人特别是"60 后""70 后"相继退休以后收入水平提高，老龄文化产业将迎来发展机遇。我们现在要做的，就是根据细分行业走势做好相应战略准备。

老龄文化是一个全新的领域，发展好老龄文化产业，需要老龄文化事业的强大支撑。如何做好长远安排，我们不能头疼医头、脚疼医脚，还需要提升理论思维，建构中国特色的老龄文化学，以便对老龄社会重大文化问题建构相应的理论和话语体系。对于从事老龄经济产业的所有人士来说，最重要的就是要有老龄文化学的理论思维，这样才能确保老龄经济产业发展有一个不断向上的精神引领。

第七章
老龄健康产业

在医学上有一个头号秘密是：

绝大多数疾病都可以自愈并不需要医生插手；

另一个秘密是：反复治疗一个本可以自愈的系统，

可能会让这个系统最终无法自愈。

——［匈］伊格纳兹·塞麦尔维斯

我们需要打破现有健康事业格局，
构建以主动健康观为引领，
适应老龄社会和长寿时代要求的老龄健康事业体系。

1989 年，世界卫生组织提出，"健康不仅是没有疾病，而且包括躯体健康、心理健康、社会适应良好和道德健康"，并从十个方面对健康做出了细则性规定。2015 年，为了应对老龄社会，世界卫生组织从老龄健康的角度，对健康概念做出新的界定，强调"内在能力"和"功能发挥"，提出"健康老化就是发展和维护老年健康生活所需的功能发挥的过程"。在此基础上，世界卫生组织要求人们改变健康与老龄化的相关观念。

老龄社会要树立主动健康观

"被动健康观"的理论反思

所谓被动健康观是以医院、医生为主导，并非以个体为主导的健康观。从医疗事业产业历史来看，虽然两百年来医疗科技日新月异，人的寿命普遍得到大幅延长，但医疗科学的智慧与经历漫长演化形成的生命逻辑似乎渐行渐远。从某种意义上说，对于涉及精神、社会和身体三位一体结构的生命演化，我们在身体维度的探索已经很深入，但对于精神和社会两个维度的探索还远远不够，一些领域甚至尚未完全破题。

面临老龄社会和人们普遍长寿的客观趋势，被动健康观难以应对。我们需要革新健康观，重新理解健康概念，建构健康行为演化机制理论，从而重新审视未来老龄社会的健康问题，并在健康干预机制和制度体系上做出新的设计和安排，推动老龄健康事业产业齐头并进，为理想老龄社会建设提供健康支撑。

"主动健康观"的要义

主动健康观认为，在身体、精神和社会维度，我们对于疾病预防和健康干预可操作的空间很大。主动健康观不是像被动健康观那样临渴掘井或者江心补漏，而是基于人的健康行为演化机制的一系列新的健康理念，其要义包括十个方面。

1. **关切结构和整体健康状态，而不是仅仅关注身体变化**。主动健康观认为，个体终生健康行为是一个身体、精神和社会三位一体结构，健康识别、健康干预的焦点既不是单看身体因素，也不是单看精神因素，更不是单看社会因素，而是关切个体在身体、精神和社会三个维度上的共时和历时的结构化演化状态。因此，观察人的健康状态需要建构身体、精神和社会三位一体的健康指标体系——身体维度亚指标体系、精神维度亚指标体系和社会维度亚指标体系。从预防、诊断、治疗、预后等角度看，也需要基于身体、精神和社会三位一体综合处置。例如诊断治疗应当出具身体、精神和社会三方面一体化处方。目前，身体维度处方还需要深入研究和改进，社会维度处方需要加强，精神（心理）处方更需要完善。

2. **以关切精神状态为纲，而不是以精神健康干预为辅**。主动健康观认为，人的健康行为可以用公式表示为：健康 = 精神健康 ×

（身体健康＋社会健康）。

这一公式的含义包括如下八个方面。（1）个体健康状态是精神健康、身体健康和社会健康的复杂函数。精神健康主要指个体在自我健康通识、自我健康预警技能、自我预防和纠正健康问题的意识和能力、主动预防性健康干预等方面显示出来的整体精神健康状态。身体健康主要指个体通过各项生物学指标和日常生活功能指标所显示出来的状态。社会健康主要指个体在与他人和社会组织的相互关系中显示出来的状态。（2）精神健康是整体健康状态之纲。假定精神健康数值为零或负数（例如精神病患者），即使身体强壮，人际关系良好，这样的人整体上也是不健康的。而即便是高龄老年人身体衰老难以逆转，但只要心智正常，精神健康，仍然可以有所作为，并获得生命存续的价值和意义。（3）精神健康与身体健康的关系。精神健康有利于身体健康，身体健康也有利于精神健康。在身体疾病发生、发展、治疗、康复的整个过程中，精神健康的作用贯穿始终。如果精神同时也出了问题，那么在身体疾病治疗康复之前、之中、之后更需要精神健康方法的介入。心病不治，身病难治。在身体疾病导致失能且不可逆的情况下，精神健康的保持更为重要。（4）精神健康与社会健康的关系。社会关系状况是个体健康行为的既定条件和环境，对健康的影响十分重要，但个体对于社会关系这一既定条件具有选择性、独立性和调适性（不能改变则自我调适）。更重要的是，个体整体健康的实现最终也需要精神的主动介入和应对。（5）身体健康与社会健康的关系。没有精神健康这个引领性中介，身体健康与社会健康的关系便无从理解和把握。（6）整体健康是精神、社会和身体三位一体历时性演化的动态过程。从全生命周期看，身体维度的演化是一个倒U形曲线，表明身体经历了从出生、成长到衰老和死亡的过程。社会维度的演化也是一个倒U形曲线，经历了从单一到复杂

（父母、子女、兄弟姐妹等关系）再到单一的人际关系过程。精神维度的演化则是上坡形曲线，即从出生到死亡前精神状态保持向上且运作良好。如果一个人的精神健康曲线呈现波浪形或倒 U 形等其他曲线，则表明其在精神层面出现了健康问题。总之，整体健康呈现三重曲线交错的特征。（7）主动健康的核心要义是精神对整体健康的自主监控、自我预防、基本识别、寻求健康救助和纠正不健康行为。（8）健康是生命持续的完整过程，其测度需要运用精神、社会和身体联合指标构成的完整指标体系。这是主动健康观落地的关键和难点，需要从复杂性理论及其方法来构建指标体系，并对其加以不断完善，为人们的主动健康行为提供操作指引。

3. **关切个体独立性和能动性，而不是将医院和医生视为健康行为的主导。**主动健康观强调个体在健康行为中的主体责任，把个体置于健康行为的首位。基于健康行为演化的机理在于精神为纲这个关键，主动健康观认为，个体是主导，医生最后才出场。相对于既定的自然环境和社会关系网络，个体具有可调适性（自保性和回避性）。我们无法选择社会关系，但可以为了健康努力调适，调适不了的则可以采取良性自保和回避措施。说到底，精神在健康行为中的关键作用主要取决于个体的自主性。此外，健康行为中的预防性、持续性、惰性克服，特别是精神、社会、身体三个维度的综合作用，最终只能通过具有独立性和主动性的个体才能落地。

4. **关切精神、社会和身体三位一体的综合功能，而不是仅仅关切身体功能指标。**主动健康观认为，人的健康行为是精神、社会和身体三位一体综合功能的优化和维持。这就需要从人的精神功能、社会关系功能和身体功能三方面出发来观察、考量、预警和干预其健康状况。

5. **关切系统安排，但同时高度重视生命个体行为的积极持续参与。**主动健康观认为，自然环境和社会关系网络对个体来说是既定的，但对整体来说也是可以持续改变的。因此，社会整体健康状况的改善要从自然环境和社会关系两个方面共同着力，同时个体要融入自然环境和社会关系格局的改善之中。重中之重是形成健康生产方式和生活方式。

6. **关切生命演化形成的既定阈限，针对健康知行分离与健康惰性，加强健康机制的柔性和刚性双重约束管理。**生命自然演化形成的自在生命力、自为恢复力和衰亡终结力是人的健康的基本原理，人们对此既不能简单顺应，也不能过度干预，但这并不意味着人们对于健康无所作为。主动健康观强调人在健康行为中的主体作用和首要责任，不超越自在生命力、自为恢复力和衰亡终结力构成的自组织复杂系统机能的阈限，不断探索健康未知领域，在已知健康知识的基础上，建构健康自觉自律柔性约束和健康他律刚性约束双重机制，针对健康知行分离和健康惰性进行系统性、终生持续性干预。

7. **关切生命质量，而不是刻意延长或缩短失能期。**面对长寿时代和超老龄社会的来临，主动健康观不是刻意强调延长或缩短高龄阶段的失能期以及多种疾病导致的痛苦生命期，而是更加关注个体生命意愿，倡导生命按自然逻辑存续，最大限度减轻患者痛苦，保持生命尊严，推动生命无痛存续。

8. **关切终生价值，丰富个体长寿生命体验。**主动健康观认为，进入老龄社会乃至超老龄社会，绝大多数人都将活得更长寿。因此，健康行为的主旨包括两个方面：一方面，通过个体和家庭自我努力，政府和社会支持倡导，来培育一代又一代的健康长寿人，从根本上降低健康成本，打好健康基础，确保人们在此之上建设更有意义的事业产业，为社会做出更大的贡献；另一方面，通过健康行为可以使人们提升物质和精神生活的体验，进而为人们体验长寿生命创造条件。

9. **关切终生曲线，而不是一把尺子量到底。**主动健康观认为，人的终生健康行为是一个复杂的演化曲线，不能用一把包含身体指标而排除精神指标和社会关系指标的尺子从婴幼儿一直量到高龄期。这就需要分年龄段的健康指标体系以及干预体系。更重要的是，主动健康观的一个重要理念是，健康是全民行为，也是每个人的终生行为。"全民健康"和"终生健康"是非常重要的两个关键词。

10. **关切将预防性健康事业产业做大做强，同时强调治疗性健康事业产业只能做强，不能做大。**主动健康观的核心目标是从源头上降低疾病和失能的发生率，强调预防性健康事业投入不断加大和预防性健康产业产值不断增大，从根本上缓解治疗性健康事业投入无底洞效应和遏制治疗性健康产业直线攀升态势。借此，从根本上化解被动健康观及个别医疗产业利益绑架机制可能造成的系统性健康风险，从整体上提升长寿时代人们的生命健康质量。

主动健康行为需要事业产业双轮驱动

如何推动人们从被动健康观转向主动健康观，这需要一个长期过程。为此，需要老龄健康事业和老龄健康产业双管齐下，双轮驱动。

对于中国来说，需要打破现有健康事业格局，构建以主动健康观为引领、老龄健康理论为支撑的老龄健康事业体系。一是转变发展观，落实绿色发展理念，修复自然环境，到21世纪末形成健康生产方式为主流的经济发展方式，努力做到人与自然和谐相处。这是长远战略，也是应对老龄社会的前提战略，更是以主动健康观为核心的老龄健康战略的基础。二是研究制定老龄健康事业中长期发展规划。要面向未来"两个十五年"，瞄准各代人群的不同需求，针对老龄社会的健康要求，在健康中国战略的框架下，围绕主动健康观的核心理念，从关系健康的精神、社会和身体三位一体结构的统合发展要求出发，重构适应长寿时代和老龄社会要求的健康事业体系，制定分阶段发展目标和任务，落实国家和地方联动工程，为每一个人的健康长寿生活创造条件。三是改革和重构老龄健康事业发展体制机制。核心是以主动健康观为引领，以人民健康为中心，推动老龄健康事业实现从疾病治疗为主转向预防为主，这是未来能否成功应对老龄社会乃至超老龄社会挑战的关键。其根本是实施低成本应对老龄社会的健康战略，从源头上最大限度降低疾病和失能发生率。四是改革和重建老龄健康保障体系。主要是紧盯未来人口老龄化和高龄化不同阶段的公共老龄健康费用需求结构及其走势，建立多支柱的健康医疗保障体系，底线是确保满足人们的基本健康医疗需求，关键是建立制度内激励和惩罚机制，刺激和推动人人重建主动健康行为。五是重塑健康人才培养体系。没有各级各类源源不断的健康人才，无论采取什么体制机制也无济于事。要针对未来人口老龄化特别是高龄化发展趋势，紧盯全生命周期不同阶段健康医疗需求，研究制定和实施老龄健康人才体系发展中长期专项规划。六是改革和重建中西医事业平等发展机制。要分阶段从公共财政投入、基础设施建设、人才培养、公共健康费用配置等方面，逐步建立中西医平等投入机制，坚定改革过度医疗的制度性顽疾。七是逐步重建老龄健康指标体系。现行健康医疗领域的指标体系基本上是被动健康观的产物，要逐步适应长寿时代和老龄社会要求，按照主动健康观的内在要求，从精神、社会和身体三位一体结构统合发展要求出发，结合中西医双重标准，逐步构建覆盖全生命周期、针对多病种、关切不同生命阶段的功能要求的老龄健康指标体系。八是重点发展基层老龄健康事业。目前，基层健康医疗事业发展薄弱。未来，应对老龄社会和超老龄社会的健康挑战，重心在基层。

因此，在现有健康医疗事业分层体系不断完善的过程中，用"两个十五年"时间，在基层社区打造满足人人全生命周期健康长寿生活的老龄健康网络。同时，在大力发展老龄健康事业的过程中，大力发展老龄健康产业。

目前，整体来看，落实健康中国战略，适应老龄社会和人人健康长寿要求，发展老龄健康事业产业，我们面临的最大问题是事业产业没有明确的区分，社会的作用无法完全发挥。这是未来构建老龄健康事业体系和产业体系的最大难点，也是突破口。

中国已经迈入老龄社会，超老龄社会相关健康问题的系统性端倪已突显。健康中国战略是人人健康长寿战略，以人民健康为中心是以人民健康长寿为中心。我们要以主动健康观为引领，彻底扭转被动健康观及其发展方式，建构起适应老龄社会和长寿时代要求的老龄健康事业体系。

老龄健康产业的重点领域

终生健康教育产业

健康教育产业本质上是健康知识的产业化运作，健康产品和服务的市场教育是其重点，但也包括非特定健康产品和服务的健康知识技能教育。面对所有人的健康教育仅仅靠公共健康教育事业远远不够，需要着力发挥市场在健康教育上不可替代的作用，即需要发展健康教育产业。

主动健康观的一个重要理念就是，健康是全民行为，也是全民终生行为。因此，健康教育产业的对象是每个人，并伴随其一生。由此来看，健康教育产业的潜在规模巨大，潜力无限，但难点在于产业定位、内容设计和产业模式。如果说公共健康教育的重点是健康通识和技能教育的话，那么健康教育产业的重点则是突出个性和针对性。从产业定位来说，健康教育产业的客群对象可以根据年龄、职业、文化程度、收入水平以及健康程度等因素来确定。产业定位决定产业内容。定位不同，健康教育的内容也相应有所差异。例如确定以中高收入人群为客群对象，健康教育的内容重点就是亚健康知识、抗衰老知识、精神健康等内容。当然，关于健康教育产业内容，理论上应当是包罗万象的，在现实操作中还需要结合老龄社会不同阶段的具体情况以及不同人群的健康状况、相关问题、健康需求态势来研判。同时以下内容也应当重点考量：一是伴随人口老龄化进程人们的健康问题；二是主动健康观的基本通识和行动要点；三是全生命周期不同阶段健康状态演化规律和不同阶段健康风险因素的识别、控制和自我干预等；四是中医通识；五是西医通识。重点是教授全生命周期健康演化机制，特别是精神、社会和身体三位一体结构统合把握的具体知识和技能，培养人们自我健康的综合能力。

从被动健康观来说，中老年人群是健康教育的重点对象，但是，从主动健康观来说，除了中老年人群，青少年也是重点关注对象。这里没有重点或非重点人群之分，只有产业发展模式的界分。总之，只要产业发展模式开发对路，健康教育产业就能持续发展。

健康教育产业的模式是多种多样的。从购买来说，健康教育产业的购买主体分为四个层次：一是政府购买的健康教育。老龄经济是产业经济、消费经济，也是政府经济。未来，政府是健康教育产业的主要买方。政府有公共健康教育的职能，需要从市场购买公共健康教育。长期以来，政府一直在重点解决老百姓"看病难""看病贵"的问题，这当然是必要的，但如何解决"不得病""不用看病"的问题也值得关注。这是今后公共健康事业落实主动健康观和健康中国战略的重要发展方向。可以说，从学校、各机关单位、事业单位到全社会人群，都是公共健康事业开展健康教育的对象，需要各级政府开展相应层次的政府健康教育计划和行动。这就要求健康教育产业企业针对这一特殊需求市场，开展广泛调查研究，结合地方实际，研究制定企业发展战略，开发相应产品和服务，为实现健康教育产业持续发展奠定重要基础。二是企业购买的健康服务。企业是落实健康中国战略的重要责任主体，也是践行主动健康观的重要责任主体，同时，保障员工健康更是企业持续发展的重要战略，如何面向企业开发适销对路的健康教育产品和服务，是健康教育产业第二大发展空间。如何形成健康教育品牌，提供企业可购买的专业化、规范化、标准化、结合职业特征的健康教育服务，是健康教育产业的一个重要机遇。三是健康产品和服务企业购买的健康教育。未来，中国与健康相关的企业数量将伴随人口老龄化特别是高龄化进程大幅增多。这些企业需要销售其产品和服务，如果没有强大的健康教育为其产品和服务做市场教育支撑，企业持续发展的后劲将难以保障。需要说明的是，仅仅靠企业自己进行市场教育是不够的，而且成本巨大，可以和健康教育企业特别是知名且权威的健康教育机构开展合作。四是个人和家庭购买的健康教育。这是健康教育产业最具挑战性的销售对象，难点在于产品和服务的战略设计和营销策略。

在信息技术时代，健康教育产业如何信息化、数字化、智能化和平台化，是一个重要课题，也是一个可以大有作为的新的空间。目前，健康教育的内容出自不同部门和不同机构，既有政府的也有社会的，既有综合性医疗机构的也有专门医疗机构的，既有官方媒体的也有自媒体的，还有综合性搜索引擎提供的有关内容。但总体来看，这些平台基本上是基于机构而不是基于用户的，而且提供的信息要么过于综合，要么过于专业，呈现碎片化、海量化特点，让人摸不着头脑，许多信息甚至是错误的。最突出的问题是，最具有健康教育实力的医院无暇开展教育，而宣传教育效应好的媒体又存在成本太高的问题。从本质上说来，健康教育产业要努力改变健康和疾病诊疗信息不对称现象，如何利用以上先进技术手段，联合相关机构，打造合法、权威的各类综合、专项健康教育平台，是未来健康产业界面临的一个机遇。

终生健康管理产业

从覆盖人群和产业内容来说，健康管理产业是比医疗服务产业、医药制造产业、医疗设备制造产业更大、更复杂的产业。

健康管理产业内容广博而繁杂，涉及生活的方方面面。从一般意义上来看，健康管理产业主要包括健康指导、健康评估和健康干预三个过程性产业；从人群来看，主要包括母婴健康管理产业、青年健康管理产业、中年健康管理产业、中低龄老年健康管理产业和高龄老年健康管理产业；从功能来看，分为面向功能良好人群的健康管理产业和面向失能人群的健康管理产业；从内容来看，主要包括营养指导和配置、运动、睡眠、美容保健、精神（心理）、社会关系等细分健康管理产业；从医学模式来看，可分为中医健康管理产业、西医健康管理产业和中西医结合健康管理产业；从产业具体定位来说，还可分为身体检查（如健康体检、疾病体检、体育意义上的体质检测、中医意义上的体质检测）、社会和心理检测（如精神诊断、心理诊断等）以及许多细分干预产业（如中医按摩、针灸，音乐和舞蹈等艺术疗法，非药物干预，心理咨询等）。值得强调的是，健康管理产业目前尚处于起步阶段，发达国家新兴的健康管理产业（如自然医学等带动的相关产业）也正在酝酿之中。可以说，健康管理产业要形成上下游贯通和成熟完善的细分产业体系还有很长的路要走，发展空间值得期待。

　　包括健康和医疗资源在内的所有资源都是有限的，关键在于资源配置的目标和路径。从某种意义上说，健康管理产业的快速发展关键不在产业内部，而在其外部。发展健康管理产业需要跳出健康管理产业，从整个健康产业体系和健康事业体系的战略转型出发，根据老龄社会的根本要求，以主动健康观为指引，重构适应老龄社会的新的事业体系和健康产业体系，从根本上重新配置全社会的健康资源，按照政府和市场决定资源配置、社会各方面积极参与战略原则，对现行健康事业产业发展体制机制进行系统性深层次改革。总的改革方向和目标是使全社会的健康资源更多用在预防性健康事业产业上来，努力使医疗性健康事业产业呈现先增后减的发展态势。唯有如此，健康管理产业才能真正发展起来。

　　目前，健康管理产业中的少数细分行业如体检、母婴保健、美容保健、中医养生、足部保健等针对亚健康的健康干预细分行业，已经呈现出良好的发展态势。许多细分产业的重点已经十分清晰，例如，婴幼儿健康管理的重点是发育成长和疾病预防，中青年健康管理的重点是疾病防控，而中低龄老年人健康管理的重点则是新病防控和已病（特别是已患慢性病）急性发作的预防控制，高龄老年人健康管理的重点是慢病急性发作的预防控制和康复维持性管理。未来健康管理产业的成熟状态应当是覆盖从头到脚、从生育到死亡、从年轻人口到老年人口、从分年龄重点干预到个体终生连续干预、从健康评估到健康干预的复杂产业样态。这是未来的努力方向，也是我们应对老龄社会，成功适应超老龄社会的根本希冀之一。

　　需要强调的是，健康管理产业不仅仅是人对人的服务，更重要的是借助各种辅助器具器材进行健康监测和健康干预，这就衍生出一个围绕健康管理的产品体系，这也是老龄制造业的重要内容，也是一个新的巨大市场。换言之，健康管理要落地必须依靠产品化路径。

终生体育产业

终生体育产业涵盖人们运动管理的方方面面。目前，中国体育产业目录分类包括体育管理活动、体育竞赛表演活动、体育健身休闲活动、体育场地和设施管理、体育中介服务、体育教育与培训、体育传媒与信息服务、其他体育服务、体育用品及相关产品制造、体育用品及相关产品销售及出租与贸易代理、体育场地设施建设等 11 个大类、37 个中类和 71 个小类。其中，绝大多数都存在面向全民终生体育产业发展的空间。更为重要的是，未来产业发展的新趋势是跨行业融合发展态势。可以预见，未来这一产业体系还将随着终生体育产业创新，形成更为庞大而丰富的细分体系。

面向老龄社会和长寿时代，整个体育产业转向全民终生体育产业的总方向和发展空间毋庸置疑。对于政府来说，需要把发展全民终生体育产业纳入国家战略，加快转型改革，健全全民终生体育产业政策体系，加大投入，建设基础设施体系，采取公建民营等方式，加大购买服务力度，引导和支持鼓励终生体育产业模式创新，形成全民积极参与的终生体育产业格局。对于经济产业界来说，发展终生体育产业还需要把握以下方面。

第一，全民终身体育人的培育塑造是产业的总经营战略。从长远来说，平台战略、销售策划、市场营销、产品设计、服务安排以及盈利结构设计、盈利模式建构等都是第二位的。消费者才是首位的。从需求侧来说，老龄经济产业是一个满足人们复杂和长时段需求的新的经济产业，相应地，从事老龄经济产业的企业应当是长寿企业。抓住人、抓住消费者、抓住需求侧的人气才是延长企业寿命的关键。从事终生体育产业的企业的首要战略就是抓住全民终身体育人的培育塑造，加强市场教育，聚拢消费群体，固化并扩大人气，从而为延续企业寿命，做强做大企业奠定基础。

第二，站位绝大多数人，厘清相关性、关联性、复杂性需求清单，开发专业性、综合性产业模式。在全民终身体育观念还未全面普及的情况下，必须跳出终身体育产业的圈子来发展。企业要重新厘清市场调查战略。市场调查应该是点、线、面、立体调查，从中找到真实需求以及妨碍满足真实需求的种种障碍，在此基础之上，形成真正的供给设计。很多人认为，中华民族是重养生轻体育的民族。这种说法虽然失之偏颇，但也能带来一些启示，要把全民终身体育产品和服务设计与人们的养生需求结合起来，联动开发。不仅体育产业发展起来了，还可以带动养生产业。我们需要举一反三，真正在需求侧做出创新性的模式探索。

第三，重在机制建构。全民终身体育的最大难点在于，如何应对体育惰性，有效刺激人们持续体育锻炼的积极性。当然，持续体育教育和观念倡导十分重要，但真正能够落地的根本措施在于机制设计，这也是终身体育产业的独特优势所在。对于学习阶段的青少年来说，虽然有学校的制度安排，但围绕青少年的兴趣、时尚等也可以建构相关机制。对于成年人来说，可以将终身体育和商业保险结合起来，还可以通过其他金融机制、会员机制、亚群体机制、亲子机制等进行设计。企业需要厘清可以利用的所有相关机制，结合终身体育产品和服务特性，进行适合自身长远发展的机制安排设计，探索激励和惩罚相结合、直接收益和间接收益相结合、当期收益和远期收益相结合的运行机制。对于老年群体来说，相应的机制设计比较简单，老年人时间充裕，自觉性强，企业获客容易，但难点在于要把体育锻炼和老年人其他需求结合起来。比如，高龄失能老年人需要体育，但要求非常专业，老龄服务机构可以开发此项服务。帮助长期卧床的失能老年人，进行身体训练和康复运动，不仅能令他们身体康复，而且能让他们找到活下去的希望。

第四，既要抓体育服务的创新化，更要抓体育产品的体系化。克服体育惰性有两种办法：一个是人的自觉性，另一个就是靠外力介入或他人干预。这两种办法终生体育产业都要运用。终生体育产业如果没有丰富的产品体系作为外力支撑，难以形成对强大惰性的有效对冲。因此，抓好产品体系和机制设计是终身体育产业的两个关键点。

第五，充分突出终生体育产业的特色。老龄社会是倒逼终生体育产业的最大力量，但是，应对老龄社会的路径很多，从产业的角度来说，终生体育产业是先行战略。未来要使终生体育产业大发展、大繁荣，必须走与其他产业如中医产业融合发展之路。在这种情况下，最重要的问题就是要把握终生体育产业的特殊性。比如体育体质检测、体育处方的设计和实施、体育产品干预的选择、体育活动机制的介入、时点干预和时期干预的接续等。简言之，就是要针对体育惰性和人们从事终生体育锻炼的积极主动性，做出可落地、有奖惩、可持续、多收益的独特产业化路线设计。

西医医疗服务产业

目前，全球医疗服务产业由现代西方医学主导，很难完全适应老龄社会慢性病增长的客观需要。我认为，如果没有从根本上做出战略性调整，其后果可能有三：一是微观上导致个人及其家庭在成员高龄期面临支付巨额医疗费用的风险；二是宏观上不能适应超老龄社会的需要，带来难以承受的医疗风险；三是引发"老龄社会恐惧症"，打击未来发展信念，给社会造成面向未来的普遍焦虑的负面情绪。在此背景下，当前医疗服务产业需要转型和全面改革。

从主动健康观来看，结合存在悠久的中医文化和中医服务体系，以下提出几个未来西医医疗服务产业的发展方向。

第一，西医医疗服务产业发展的总态势呈收敛态势。目前正是西医医疗服务产业的顶峰时期，在延续一段时期之后，西医医疗服务产业将伴随中医医疗服务产业的增长而逐步进入理性发展期，其产值扩张将受到多方面的限制，这也是未来发展的必然选择。

第二，西医医疗服务产业将从以治病为中心转向以健康为中心。主动健康观取代被动健康观的目标，就是从"治已病"转向"治未病"。健康中国战略的实施，将改善医疗服务保障体系不完善、民众健康意识和能力不足、医疗服务水平不高等诸多问题，从根本上向以治未病为中心转变。现代医学技术在预防医学上的大举突破，将是未来全球医疗服务产业的主攻方向。

第三，"过度医疗"态势的遏制，将促使西医医疗服务产业走向理性发展轨道。主动健康观不是不要治病，而是要改变"过度医疗"发展态势，推动医疗服务产业走上理性发展之路。未来西医医疗服务产业的发展领域，主要是急性病治疗领域。当然，不是所有急性病治疗都只能选择西医医疗服务，中医医疗服务也是重要选择。在这种情况下，在有中医医疗服务可替代的领域，西医医疗服务的发展策略除了疗效，还要考虑治疗费用。在不存在中医替代的领域，又会受到遏制过度医疗的政策性限制。总之，在急性病治疗领域，西医医疗服务产业的发展空间将出现收敛态势，但如果在人口老龄化特别是高龄化背景下理性发展，仍存在较大空间。

第四，慢性病不是西医医疗服务产业的主攻方向。西医医疗服务是伴随急性病发展起来的，在应对慢性病急性发作上具有不可替代的作用，但在应对日常慢性病上不具备中医医疗服务的优势，而且成本高于中医医疗服务。如果说在某些急性病上西医具有不可替代的优

　　老龄经济

势，那么，在应对日常慢性病上，西医医疗服务产业将成为辅助。这也是未来西医医疗服务产业在慢性病领域的产业发展走势。

第五，西医医疗服务产业延伸到长期照护服务领域的发展空间小于预期。随着老龄社会的快速推进，特别是超老龄社会带来大量高龄失能老年人口，长期照护服务领域将成为未来老龄经济产业新的增长点。但是，从西方发达国家的实践来看，西医医疗服务提供长期照护服务不仅成本高，而且临床照料护理效果颇受质疑。更重要的是，在有中医医疗服务选择可能的中国，西医医疗服务产业进军长期照护服务领域需要冷静考量。

总体来看，迈入老龄社会和超老龄社会，主动健康观将占据主导地位，西医医疗服务产业在理性应对急性病领域保有较大发展空间之外，未来的方向在于向两头延伸，前端向"治未病"领域，后端向长期照护服务领域，重新寻找产业发展模式和发展空间。

中医产业

从全球范围来看，代表应对老龄社会主攻方向的中医产业的主要问题不在中医之内，而在中医之外。但是，老龄社会特别是超老龄社会将是改变以应对急性病为核心目标的现代西方医学及其产业体系的强大力量，同时，也是推动发展中医产业的力量。因此，发展适应长寿时代要求的中医产业，将是应对老龄社会的新方向。

现在，我们迫切需要解决的问题是，什么是中医产业？如何发展中医产业？中医的短板是什么？如何树立主动健康观，中西医相互取长补短，建构适应老龄社会的老龄健康产业体系？

从长远来看，中医产业将在老龄社会发挥重要作用，成为老龄健康产业的重中之重。大体来说，为适应老龄社会和长寿时代的需要，中医产业主要包括中医文化产业、中医健康管理产业、中医医疗服务产业、中医药品产业、中医医疗器械产业和中医长期照护服务产业六个板块。中医健康管理产业属于前述健康管理产业的一个重要组成部分，在现实中也可以按独立产业来运作，核心是把中医理念和方法贯彻到健康管理的方方面面。这是今后界定中国特色健康管理产业的重头戏，需要中医界提供系统的理论、教材和操作指南。关于中医药品产业和中医医疗器械产业，我们将在第十章老龄制造产业中讨论。关于中医长期照护产业，将在第九章老龄服务产业部分介绍。这里主要研究中医文化产业和中医医疗服务产业两个板块。

1. **中医文化产业。**中医文化的脉络大体上是"《易经》—《道德经》—《黄帝内经》"。《易经》的精髓有两条：一是探究自然现象、社会事务的变化规律；二是根据这些规律重点教人应对进退的道与术。这是我们理解中医文化的关键。老子的《道德经》是中医文化的顶层思想，其核心在于探究应对进退的总道和总术，强调道法自然，人不能越过自然之道而胡乱作为。《黄帝内经》是中医文化的直接源头，加上此后的《伤寒杂病论》《难经》《千金方》《本草纲目》《温热论》以及现代中医药文献典籍等，构成博大精深的中医文化体系。

如此博大精深的中医文化，如何才能深入人心，这是中医发展面临的首要问题。当务之急就是将中医文化之精髓作为通识，使人人易学易懂易操作，在较短的时间内普遍提升大众中医文化意识和能力。对此，除了政府倡导、纳入公民教育、学校开展通识教育等，根本上还是要通过中医文化产业的持续运作才能做到。从产业运作来看，除了政府、企事业单位购买，如果融入各种服务和产品当中，其市场潜力不可低估。因此，中医文化产业界的战略主攻方向是开发中医文化产品和服务。

从业态来说，中医是独立的文化体系，根据文化产业"内容为王"的基本原则，中医文化可以结合教育培训产业、文化创意产业、艺术产业、旅游休闲产业、文化制造产业、文化会展产业、文化市场研发与管理产业生发出完善、成熟、成长性好的产品和服务体系，甚至打造相应文化综合体。同时，可以融入老龄宜居产业、老龄制造产业、老龄服务产业和老龄金融产业，加上信息化、智能化技术应用以及日常生活场景构建等，形成以中医文化产业为引领的中国特色鲜明的老龄产业集群，也可以超越孔子学院的发展模式，在"一带一路"沿线国家甚至更多国家开办中医文化引领的产业园。

有了战略主攻方向之后，就需要在土地、产业政策以及人才队伍建设上寻找突破口。

2. 中医医疗服务产业。中医医疗服务除了"治未病"，也是应对慢性病和某些急性病的根本之道。发展中医是未来应对老龄社会的战略选择。发展中医，要坚定地走中医产业化道路。目前，中国已实行100 余个病种中医诊疗方案，已公布并推广百余种中医临床适宜技术，民间深藏着诸多中医医疗技术，特别是一些少数民族医疗技术尚待挖掘。除了政府推广，今后发展的方向还有如何规模化发展，实现中医医疗产业化。

第一，解放思想，搁置争议，以实践检验中西医应对老龄社会的长远效益。一是从"中西医结合"到"中西医并重"。中西医结合在实践中常常是西医主导，中医发展滞后。在老龄社会和长寿时代，不应再争论谁优谁劣或者谁占据主导地位，而是中西医并行发展。二是中西医各有短长，都没有经历大规模和长时段人人普遍长寿的考验和验证。因此，要在主动健康观的引领下，经过长期实践，建构适应老龄社会和长寿时代新的健康学体系即老龄健康学体系。

第二，从医疗事业的公共财政投入和相关政策上逐步实现中西医医疗事业公平投入。目前，公共财政投入在中西医分配上严重不平衡。2020年，中国中医类医疗机构为72 355个，占全国医疗卫生机构总数1 022 922个的7.07%。中国中医类医疗卫生机构床位132.4万张，占全国医疗卫生机构床位总数910.1万张的14.55%。中国中医药人员76.7万人，占全国卫生人员1 347.5万人的5.69%。老龄社会乃至超老龄社会将带来大规模慢性病患者，这一投入方向需要做出战略性调整。总的来说，改革步伐不宜过快，可以逐年调整，大体用10年时间做到中西医事业公共财政公平投入，此后根据长效跟踪机制确定老龄社会常态下新的公共财政投入结构和动态调整机制。

第三，在完善医疗社会保障制度的同时，建构中西医结构性支付机制。医疗保障制度是应对疾病风险并支付费用的制度安排。自从德国率先建立医疗保障制度至今，在人口老龄化和高龄化的重压下，所有发达国家医疗保障财务长期可持续均衡问题面临严峻挑战，不少国家赤字运行，而且近半个世纪以来的改革收效甚微，正在酝酿成为席卷西方发达国家未来超老龄社会阶段的"医疗炸弹"。其根本原因在于，西方医学观念及其资本主义产业化的运行机制。对于中国来说，中医是一个重要解决之道。经过近些年来地方医院的实践，在医保支付行为中建构和完善中西医结构性支付机制，是应对医疗保障财务长期可持续均衡问题的战略性选择方案。同时，按照社会主义市场经济发展中西医医疗产业，也是我们的制度优势。不仅有利于建设与中国特色社会主义市场经济相适应的医疗保障制度，也有利于遏制西医过度医疗问题，还有利于发展中医，从根本上拆除超老龄社会带来"医疗炸弹"的引线。

第四，按照社会主义市场经济要求，规范西医医疗服务产业发展，坚决遏制"过度医疗"。解决中医发展问题，发展中医医疗服务产业，必须从西医医疗服务产业入手。西医医疗服务产业发展的核心是坚持以人民健康为中心，在现行政策法律框架下建构和完善医院、医药、患者和政府监管等多主体之间的公开联动机制，确保患者成本可控、医院和医药利润适当、监管有效，从根本上遏制"过度医疗"，从战略上预防西医医疗服务过度发展造成未来超老龄社会阶段"医疗炸弹"的风险。

第五，全面推进中医医疗服务产业化进程。一是制定实施国家中医药振兴中长期发展规划（2021—2050年）。在现有政策基础上，结合积极应对人口老龄化国家战略和健康中国战略，针对未来人口老龄化不同阶段引发的健康医疗问题提出战略性谋划。其中，要对中医医疗服务产业从框架建构、体系设计、业态选择、细分行业配置以及运行机制、产业政策等方面做出总体安排。二是坚持公平与效率相结合，创造公平竞争环境，坚守公立中医医院发挥兜底作用，大力发展民办中医医院，建立坚持把社会效益放在首位，实现健康效益、社会效益和经济效益相统一的考核指标，对民办中医医院实行动态淘汰机制。三是加大公共财政投入，合理使用医疗保障资金，培养各级各类中医医疗技术人员。采取灵活考核机制，加大对民间中医医疗服务人才的认证力度，支持其执业。四是进一步完善中医医疗服务专业化、标准化、法制化进程。五是大力扶持中医医疗服务走出去，在海外开拓中医医疗服务市场，推动中医医疗服务国际化进程。

第六，从根本上提升中医医疗服务产业发展质量。目前，中医医疗服务产业还面临中医医疗服务水平区域差别大，高质量发展资金短缺、人才不足、技术不成熟等诸多方面的困难。如何确保人人相信中医、人人愿意看中医，这是中医医疗服务的生命线。实际上，许多地方医院的探索说明，解决这一生命线问题技术难度不大，问题在于良好政策导向下中医医疗服务产业界领袖的智慧、谋略和能力。

第七，倡导中医医疗服务理念。发展中医医疗服务产业，和发展西医医疗服务产业一样，最根本的就是要坚持以人民健康为中心的观念。中医文化的群众基础好，尤其是中老年人，是支持中医医疗服务事业和产业的坚强后盾。因此，为了发展中医医疗服务产业，除了从制度、运行等方面建立与西医医疗服务公平竞争发展环境，还应当在全社会普及中医医疗理念。

非药物健康产业

经历漫长的探索，除了医疗和医药，人们还找到许多促进健康、治疗疾病的路径和方法，并推动健康医疗事业产业取得巨大成就，寿命得到大幅延长。这些路径和办法可以统称为非药物健康事业和产业。

近两百多年来，现代医学观念及医疗产业形成"过度医疗"的恶性循环，其最大后果是"药物滥用"，世界卫生组织调查指出，全球的病患有1/3死于"药物滥用"或者"药物使用不当"。因此，从健康的疾病治疗的角度来说，探索古已有之的非药物健康事业和近代以来形成的非药物健康产业发展意义重大。实际上，从长远看，除了药物使用，探索非药物路径来应对老龄社会乃至超老龄社会的健康医疗问题，是未来的一个新的方向。从这个意义上说，以往的非药物健康事业和产业本质上既可以解决"过度医疗"的恶性循环问题，也可以看作应对老龄社会和超老龄社会在健康领域的某种预演和准备。

从目前全球发展现状和趋势来看，非药物产业涉及人们生活的方方面面，主要包括：（1）中医非药物疗法。涵盖针刺、灸类、刮痧、拔罐、推拿、砭石、敷熨熏浴、微创技术、正骨技术等多门类、几百种疗法。这一疗法历史悠久，技术上已经成熟完善，并形成独立的非药物疗法体系，且适用范围广泛，拥有深厚群众基础。（2）饮食疗法。涵盖药膳、食量控制、营养配伍等，对常见病以至减肥、脱发、美容等具有良好效果，具体内容结合食材和需求来看包括方方面面，由于牵涉人们的日常生活，产业化前景值得关注。（3）身体功能疗法。主要是围绕人们日常生活起居、睡眠、减肥、通便、瘙痒等需求，通过芳香、催眠、花精、水果等手段改善功能。内容十分庞杂，老百姓喜闻乐见，开发空间较大。（4）自然类疗法。主要通过空气（负氧离子）、阳光、植物、森林、动物、温泉、泥浴、矿物质等自然物质、自然生命的手段来促进健康和缓解病痛。（5）物理疗法。物理疗法即理疗，历史悠久，主要是利用物理能量来保健疗病，有电、磁、声、热、脉冲、冷冻等多种形式，适用范围广泛，有很好的效果，值得关注。（6）艺术治疗。兴起于 20 世纪的美国，目前在发达国家十分流行，在一些国家已经成为稳定而独立的社会职业。主要是通过绘画、音乐、舞蹈、园艺、工艺操作等方法释放亚健康或带病人群的负面情绪，培育正面情绪进而促进健康、缓解病痛，并广泛应用于学校、医院、监狱、养老院以及灾难或应激事件的目击者群体。在中国，艺术治疗正在兴起，如果做好本土化，其前景也是值得期待的。（7）心理疗法。主要包括心理分析、心理咨询、行为疗法等。心理疗法发源于国外，在中国已经成为一个独立的职业，其方法广泛应用于精神疾病领域。随着精神类疾病发病率不断上升，特别是强调精神在健康行为中的引领作用的主动健康观的普及，心理疗法在应对老龄社会各人群精神疾病上的作用将日益凸显，是非药物疗法产业的重要板块。（8）新技术疗法。主要运用高新科技诸如 3D 打印、干细胞等手段发挥缓解病痛和康复身心的作用，虽然前景看好但发展尚不成熟，还需要谨慎对待。

总体来说，非药物疗法品类多样，因其强调无毒副作用，加上紧贴民生日用，将成为未来老龄健康产业中成长性较好的板块。但是，整体来看，非药物健康产业发展目前尚处于起步阶段，小散乱现象十分突出，行业细分标准缺失，从业人员培训不规范，形成规模经济还需要花大力气。

第一，要对非药物健康产业做出正确产业定位。既要明确其应对老龄社会健康挑战的科学定位，又要对其范围和功能做出明确界定。第二，对既有中国特色又发展成熟的非药物健康产业细分板块，如中医非药物疗法，要从公共财政投入、产业政策、人才培养等方面加大扶持力度，培育其核心竞争力，以应对韩国、日本等国的国际竞争压力，为中医非药物健康产业国际化创造条件。第三，对发达国家已经发展成熟的非药物疗法如艺术治疗等产业要加大本土化进程，确保适应中国国情，赢得更大发展空间。第四，要鼓励非药物健康产业内部各细分行业整合，发挥其促进健康和缓解病痛的整合作用，为非药物健康产业规模化发展打造综合动能。第五，要鼓励非药物健康产业与其他老龄产业细分行业（如老龄服务产业中的长期照护服务）跨界发展。第六，扶持一批专业化、连锁化非药物健康产业集团企业。第七，鼓励其他相邻老龄产业企业（如老龄服务机构）开展专业化的非药物健康产业服务项目。第八，积极开拓海外市场。在推进中医医疗服务国际化的过程中，除了吸引众多海外企业和从业人员来华学习中国非药物健康产业技术，鼓励国内非药物健康产业企业配合中医医疗服务机构走出去。第九，非药物健康产业是一个和老龄产业其他板块亲和性较高的产业，需要健康产业界在新业态上大胆创新，既推动非药物健康产业快速发展，又能助推其他产业快速发展。

老龄健康产业的数字化

信息化、智能化的本质在于数字化，但数字化技术形成的产业是中介性产业。离开作为载体的实体产业，数字化技术只能是屠龙术。而在数字化时代，作为实体性产业的老龄健康产业，如果不结合数字化技术同样也是寸步难行。数字化技术可以覆盖我们想象的所有领域。在老龄健康领域，数字化助推产业发展的空间十分广阔，具体包括以下方面。

第一，加强健康大数据开发工作。在数字化时代，实施健康中国战略和积极应对人口老龄化国家战略需要国民全生命周期健康数据支撑。一是加强健康数据的国家安全工作。中国的健康数据，单从疾病种群、体系、地理区域分布等方面来看，都是世界上少有的，对于科学研究健康、长寿、衰老机制及其干预意义重大。健康数据涉及全体民众健康利益，更攸关国家健康信息安全，需要高度重视，加强管理，对民间采集国民健康数据做出明确要求和边界设定。二是在深度开发研究已有健康数据的基础上，全面启动全生命周期健康数据跟踪调查研究。我们尚处于长寿时代和老龄社会初期阶段，相应的健康挑战前所未有，支撑适应老龄社会的主动健康观及其引领下的新健康体系尚在探索当中，需要强大的跟踪性、系统性健康数据来支撑。这是一项必要的战略性工作。三是支持企业开发已有健康数据，在坚持国家信息安全的原则下，鼓励企业采集分析居民健康消费数据，为助推老龄健康产业发展提供数字化支撑。

第二，加快完善健康医疗机构以及分健康需求、分病种健康信息平台建设。从健康管理到疾病诊疗，从医疗服务到非药物健康服务，从分病种诊疗到康复，从新技术推广到防止健康欺诈，这些领域的数字化建设已经取得显著成就，为人们健康咨询和求医问药提供了相应服务。但是，和实施健康中国战略和积极应对人口老龄化国家战略的要求相比，以及和人们的多样化实际需求相比，需要做的工作还很多。

第三，加快健康服务数据共享。实施健康中国战略和积极应对人口老龄化国家战略，平等发挥中西医健康医疗机构各自作用，发挥公立和民间健康医疗机构各自作用，既需要竞争，更需要合作。

第四，在畅通健康服务数字化进程中强调弥合代际鸿沟。健康服务流程和管理的数字化是根本方向，但在人口老龄化特别是高龄化的背景下，要充分发挥健康智能化的人性优势，努力做到人人可及。未来健康数字化要拥抱老龄社会，拥抱规模日益膨胀的老年人。唯此，数字化技术才能在老龄社会和长寿时代抓住自己的客户。对于婴幼儿和失能老年人等特殊情况，也要做出相应的安排。

第五，加大健康信息监管。在老龄社会，对于健康事业和产业各主体来说，需要充分发挥健康信息监管不可替代的作用。唯此，方能确保老龄社会健康事业特别是健康产业的可持续发展。

老龄健康产业的未来

简单来说，老龄健康产业就是在老龄社会面向全民提供全生命周期健康相关产品和服务的产业的总和。老龄健康产业在老龄经济产业体系中占据重要位置。老龄健康产业的总产出是全民全生命周期健康水平的维持和提高，是老龄经济的重要支柱，也是老龄社会和长寿时代行稳致远的重要根基。从产业分层来看，老龄健康产业可以分为预防性健康产业和医疗性健康产业。从发展战略来看，预防性健康产业不是要和现有医疗性健康产业抢饭碗，其目标是从源头上降低全民疾病和失能发生率，最大限度缩小现有传统健康医疗产业的范围。换言之，从全球经济特别是健康经济的未来竞争格局来看，老龄健康产业的发展战略是，预防性健康产业对内对外既要做强又要做大，但医疗性健康产业对内只能做强不能做大，但对外则既要做强又要做大，以便为我们适应老龄社会的健康转型挑战提供帮助。

中国老龄健康产业的未来发展走向

对于中国来说，未来健康产业的大体方向如下。

第一，从结构来说，中西医健康产业将发生重大结构性变迁。在主动健康观的引领下，限制过度医疗是应对老龄社会和超老龄社会的关键举措，而全力发展中医健康产业则是应对老龄社会和超老龄社会的根本举措。可以预见，以西医为轴心的健康产业的产值还将继续增长，但长期看，以中医为轴心的健康产业产值将迎来大幅增长态势，增长幅度要大于前者。同时，预防性健康产业和治疗性健康产业的产值增长态势将大体呈现同样态势（这里不包括以照护高龄失能老年人的老龄服务产业的产值）。否则，我们在应对2040年人口高龄化之前将会面临涉及费用、服务、人员等多方面挑战的健康医疗系统性风险。这也是目前实施健康中国战略和积极应对人口老龄化国家战略的重大意义所在。

第二，从产业模式来说，中国未来健康产业的发展模式和发展业态，是基于中国国情、符合中国居民意愿、符合社会主义市场经济、体现站位大多数人和利润成本追求供需双方选择合宜合意的新的发展模式。不可否认，几十年来，中国在改革和发展中国特色社会主义健康事业产业上已经取得举世瞩目的成就，虽然面临许多新旧问题，特别是全球范围内医疗科技壁垒和医疗产业的国际利益格局的强大钳制，以及以资本为中心和追求利润的思想作祟，但几十年的实践也证明，从产业发展来说，只要有人们喜闻乐见的产品和服务，就能赢得全球健康产业市场。从这个意义上说，真正的健康产业应当是人民健康产业，以产品质量和价格赢得消费者而不是靠技术垄断等方式，这是未来中国健康产业界的永恒模式。同时，国际健康产业要在未来中国健康产业市场赢得发展空间，也需要符合中国本土的需要。总之，中国健康产业未来的模式不是利润最大化，而是人民至上，消费者至上。

全面应对老龄社会转型期的健康难题

当前和今后很长一段历史时期，发展老龄健康产业会持续面临一系列问题，具体包括：全民健康观念、卫生观念、疾病观念深受被动健康观的影响难以转变，适应老龄社会的主动健康观还没有完全成熟；现有健康相关理论、技术以及相应健康卫生医疗服务体系不能完全满足长寿时代的要求；医疗保险体系特别是商业医疗保险体系建设滞后于大规模长寿时代需求；长期照护保障体系等尚在试点；健康人才特别是关键健康医疗人才匮乏，等等。

老龄健康未来的战略方向是明确，但健康转型绝非易事，需要付出艰苦努力甚至付出重大代价。

第一，要跟踪并超越发达国家的现代医学技术。随着老龄社会快速深度演进，占领现代医疗科技制高点的国际竞争将日趋白热化。对于中国来说，攻破发达国家医疗科技壁垒的根本途径是走现代医学技术自主创新道路。在这方面，我们虽有短板但也有优势，除了健康医疗产业国有企业加大投入，还要引导支持民营健康医疗企业技术自主创新。限制西医过度医疗不是不要西医，恰恰相反，要以中国方式发挥西医医疗科技在应对重大疾病、抗衰老等方面的突出优势。在应对老龄社会上，需要瞄准现代医学科技自主创新这个重要方向。

第二，探索具有中国特色，符合社会主义市场经济的健康医疗产业化道路和模式。中国是老龄社会大国，无法用税收解决规模庞大人口的健康医疗问题。我们还有以下问题亟待解决：（1）健康医疗事业和产业的界分在理论上是清晰的，这就是政府负责基本健康医疗服务问题，其他的交由市场去解决，但在操作上还有诸多问题需要明确。（2）如何探索具有中国特色的社会主义市场经济相适应的健康医疗产业发展体制、机制和方法。（3）如何处理国有健康医疗企业和民营健康医疗企业的平等竞争问题，以及混合所有制问题。（4）如何改革和完善覆盖全民的健康医疗保障制度，改进筹资模式，确保财务长期可持续，以应对超老龄社会到来的财务压力。（5）如何处理健康医疗保障制度与长期照护保障制度之间的衔接关系。（6）如何处理基本健康医疗保障与商业医疗保障制度之间的关系。（7）如何在操作层面处理中西医的产业关系，如何做到公平竞争。（8）如何从根本上改变全民健康行为，这是最难解决的问题，也是衡量所有改革的准绳。总之，这里最突出的问题就是既要保障基本健康医疗问题得到解决，又要充分调动健康医疗产业的活力。

第三，从根本上改革和完善各级各类健康医疗人才机制。人才是所有事业产业的根本。健康医疗产业的最大问题不是技术问题，也不是医药问题，而是人才问题。从实践来说，没有足够的健康医疗人才，无论实行何种健康医疗体制机制，健康医疗问题都不可能得到解决。因此，人才战略是健康中国战略的重中之重。除了需要培养一大批现代医学科技人才，更要花大力气培养中医医疗科技人员。

第四，从根本上解决健康医疗支付体系问题。这是健康医疗产业化的根本问题。要着眼长远，统筹考虑健康金融、医疗社会保障、长期照护保障制度协同推进，确保人们年轻时在健康医疗和照护服务上拥有三大资金池：一是个人健康金融资产，二是医疗保障制度资产，三是长期照护保障制度资产。

第五，要树立主动健康观，彻底改变不利于健康的经济生产方式和生活方式。健康不能只靠健康医疗界，而要靠社会各界，也需要世世代代的努力。

老龄健康产业以适应老龄社会的方向发展，健康问题就会得以全面解决，老龄社会也会成为人们充满期待的社会。老龄健康经济产业承载着回应老龄文化诉求，给人人长寿生活带来期待的重大使命。

第八章
老龄宜居产业

我们塑造了建筑物，此后建筑物又塑造了我们。

——［英］温斯顿·丘吉尔

着眼长远，扬弃房地产思维，

按照老龄社会对不动产体系的要求，

顺应从"有房住"到"住得好"等社会

预期的根本转变，老龄宜居产业将迎来重大战略机遇。

宜居革命

社会硬件体系存在的风险

社会硬件体系最突出的一个特征是其改建、重建的高成本性。比如住宅、公共基础设施等改建或重建的代价非常大。因此，硬件体系建设必须遵循规划先导原则。全球社会硬件体系伴随城市化和再城市化快速发展的同时，社会也迎来了向老龄社会的历史性转变。然而，在过去的 70 年间，城市化和老龄化分轨运行，特别是老龄社会的到来及其引发的对建筑功能新的结构性需要，建筑产业界硬件体系却随着老龄社会的加速发展日益不能适应人们的生活。建筑产业与社会转型或者城市化与老龄化的分轨运行，带来了前所未有的挑战。

现有社会硬件体系难以适应老龄社会特别是超老龄社会的要求，隐含许多风险。但需要特别强调的是，这不单是指其不适应老年人或者人到老年期的需要，从设计理念上说，其背后蕴含两个重要视角。

第一个是视角是全龄人口视角，而不仅仅是老年人视角。从社会整体看，硬件体系建设必须考量所有人的需要。具体来说，一方面要有共时思维。老龄社会是老年人口增多而年轻人口减少引发的整个人口结构的深刻变革。因此，我们研究一个社会的硬件体系是否符合老龄社会的需要，就需要从共时的角度考量所有人的需要，既不能仅仅考量老年人的需要，也不能只考虑年轻人的需要，根本上要处理好老年人和年轻人的冲突性需求。另一方面要有历时思维。老龄社会是一个伴随人口老龄化进而向高龄化演化的动态变化过程，也是一个人们对硬件体系需求结构深刻变化的过程。整体来看，一定历史阶段硬件体系的设计功能可能符合当期人们的功能需要，但不一定能够满足另一个历史阶段的要求。更为重要的是，硬件体系建设必须坚持规划先导原则，充分考虑未来需求结构的重大变化，在建设过程中要么提前建设，要么做出建设预留。

第二个视角是全生命周期视角。从个体来看，人的需求是一个伴随增龄而不断改变的复杂演化过程。因此，硬件体系建设就需要着眼长远，考量全生命过程中相应需要的动态变化。比如住宅建设，既要考虑青少年期的需要，也要考虑青壮年期的需要，还要考虑老年期特别是高龄期的需要。从家庭来看，既要考虑小孩的需要，也要考虑成年人的需要，还要考虑老年人特别是高龄老年人的需要。这也是家庭和谐的硬件基础。

当然，安全方便视角、绿色健康长寿视角、艺术化生存视角也十分重要，我们将在后文详细讨论。具体来看，现有社会硬件体系面向老龄社会，还存在一些问题，而这些问题正是今后老龄宜居产业努力的方向。

居民住宅隐含的风险

从设计功能、建筑材料、装修工艺看，目前大多数居民住宅面向老龄社会普遍存在六个方面的不足。

一是安全考量不足。居民住宅设计的第一个理念就是安全原则。这里的安全不是治安意义上的，而主要是指住宅内活动空间安排和相关设施使用上的安全保障。例如室内布局、台阶、防滑、安全防护设施以及消防设施设备等功能保障设计。近二十年的住宅建筑增加了更多舒适功能并满足了安全防护等诉求。总体来看，居民住宅安全考量在布局、安全防护等方面有较大改进。但是，突出的问题在于防跌倒、台阶处理等方面的无障碍考量还远远不够。根据中国老龄科学研究中心调查显示，目前，老年人对住房的满意度仅为50.8%（城市）和43.9%（农村）。城乡老年人的跌倒率约为16%。调查还显示，老年人在住宅内发生跌倒的具体地点主要是厕所、洗澡间、厨房等。和年轻人、小孩跌倒不同，老年人跌倒的后果十分严重，最糟糕的情况是危及生命，其次是导致瘫痪，发生骨折的情况也比比皆是，还有跌倒引发的其他基础疾病特别是慢性病的急性发作。照此推测，在高龄化社会，如果不在防跌倒方面提前采取举措，未来的家庭风险将难以避免。因跌而逝的代价无法用金钱来衡量，但当跌倒导致卧床需要康复时，如果平均每人花费3 000～10 000元，那么，一年总花费可能在277 亿～924 亿元（重伤需要医治的比例为19.3%，重伤长期卧床的比例为2.7%）。这是一个令人触目惊心的数字，值得硬件体系设计和建设者以及千家万户高度重视。实际上，提前做防跌倒改造乃至整个住宅的适老化改造的意义远大于金钱和人力的投入，跌倒者的痛苦才是真正需要引起关注的。

二是方便考量不足。居民住宅使用方便涉及住宅进出入设计（层高、楼梯、电梯、坡道等）、居室进出入设计（门槛、门宽等）、内部布局、室内各生活场景可达性、生活资料储藏使用的便利性等方方面面。这里最突出的问题就是电梯问题。目前，现有城市居民高层楼房绝大多数都是普通电梯，基本上没有配置担架电梯。对于高层楼房来说，一位心血管专家曾说，如果住户不幸心脏病发作，既不能抱，也不能扛，抢救难以操作。所以，没有担架电梯的高层楼房，对于心脏病患者来说，可能危及生命。适合年轻人的不一定适合老年人。我们的住房设计大多数是按照年轻人口的需要设计的，年龄友好型住宅设计的理念不足，即住房设计要同时考量不同年龄人群的具体需求。

三是全生命周期功能考量不足。目前的住房设计似乎很少考虑全生命周期阶段性需要。许多住宅年轻人搬进去还比较舒适，但父母住进来就很不方便了。实际上，大多数住宅设计师针对的都是中青年需求，至于80岁以上高龄期对住宅的功能需求除特别考量，很少进行针对性整体设计。一方面，这不符合中国人对"恒产"的需要，一旦买了房子，许多人就希望住一辈子，周边地缘文化的深化融入更是人们不愿意搬迁的重要原因。另一方面，适老化改造成本太高，而且会带来诸多不便。住宅的全生命周期功能考量不足，相应的建筑功能预留理念就无法践行，进行适老化改造不仅施工困难，而且改造成本对收入不断减少的老年人来说负担相对较大。此外，老年期换房不仅仅是建筑功能选择问题，房产交易成本、新住宅的适应、房地产市场波动性以及周边地缘文化的选择等也存在许多不确定性因素。

四是健康长寿考量不足。随着新建住宅的环保标准不断加强，目前住宅从建筑材料、装修材料等方面来看，建筑污染的情况已经得到最大限度的降低。但住宅内影响健康长寿的因素还有很多。例如灯光，近年来，眼科疾病出现攀升趋势。除了数码设备的显示屏，室内灯光的设定也是一个重要因素。日本建筑设计师十分重视灯光污染问题，不仅在普通住宅设计中关注灯光健康问题，在养老院的设计当中也高度重视灯光的适老化问题。另外，住宅噪声也是一个重要考量因

老龄经济

素。良好睡眠是健康长寿的基本前提。有很多住宅建筑时间早，隔音效果差，区位与交通设计降噪不足，造成住户睡眠质量下降，长期积累，后果不容忽视。同时，睡眠不好也是人们精神疾病和慢性病发病率上升的重要原因。实际上，从国际范围来看，住宅健康长寿功能考量的新趋势不是如何去除不利于健康长寿的因素，而是通过住宅功能科学化、人性化设计促进人们实现健康长寿的目标。这是我们今后在住宅领域努力的一个新方向。这就需要重新检视整个住宅建设的系统性问题，在新建住宅中努力实行更高标准，对老旧住宅进行健康长寿改造。由此来看，适老化改造还只是健康长寿改造的初级版本。

五是艺术化生存考量不足。目前，我们正在努力达到"住有所居"，未来在此基础上追求住宅的艺术化取向是一个新的发展方向。随着中产阶层不断壮大，更高层次的住宅艺术化改造以及部分新住宅建设是一个新的市场。这是住宅市场的一个商机，其中包含改造、装修以及换房等诸多细分领域。随着人口负增长拐点的快速到来，我们将有条件追求"住得好"的问题。实际上，超大城市中高层住宅密集以及缺少艺术性考量的硬件体系可能影响人的心理健康，这些都是今后房地产市场发展要考虑的问题。同时，通过艺术化设计或改造，发挥住宅建筑乃至整个硬件体系有益人们身心健康的作用，这是今后硬件体系的更高取向。

此外，现有住宅建设应重点关注绿色考量，如何通过千家万户以住宅为载体，在太阳能等技术的支撑下，实现节能减排，这是关系国家战略的重大举措，也是未来住宅建筑产业的新方向。

总体来看，建筑是静态的，一旦建成便不可能推倒重来，但是，老龄社会和长寿时代到来是动态的，而且来势迅猛，带来诸多新的更高层次和更加长远的海量需求。这就需要我们重新审视已经建成的住宅建筑与这些新需求之间的关系，从中找到新的发展机遇和空间，为人们提供更加人性化的相应房地产产品和服务。

社区环境隐含的风险

概括起来，现在社区环境隐含的风险主要包括以下方面。

一是安全考量不足。目前大多数社区环境主要是按照年轻人口的需要来设计的，社区小型设施，如三层活动室没有电梯，社区通道的防滑、防跌倒设施（如扶手）缺失。最突出的问题在于，个别老旧小区以及农村许多社区的通道不畅不仅不利于消防安全，急救车进出入也存在诸多障碍。目前许多老旧小区实施改造工程，但适应老龄社会的全方位要求考量不足。老龄社会的意识在社区环境建设领域亟待引起高度重视，规划论证和设计论证需要不同年龄群体的意见介入。年轻时难以察觉的不安全的社区环境，到老年之后却变成潜在风险的环境。人在变，以硬件体系为基础的社区环境当然也要变。我们应当从设计环节就做出周全考量，使社区环境成为年龄友好型安全环境。

二是方便考量不足。目前大多数老旧社区环境面临一些资源不方便的问题，最突出的问题就是人车冲突问题。现在，许多社区环境都面临人口老龄化和汽车快速发展双重考量不足的问题，停车位需求、充电桩需求和居民特别是老年人行动方便需求存在冲突。深入分析，我们还没有针对人口变化、汽车发展和社区住宅建设做出统筹安排，城市发展规划存在分部门运作、协同发展不足问题。现在，我们已经开始关注解决特大城市的老龄问题。未来为防止城市老龄问题的尖锐化，现在就要着眼长远做出统筹考量。当然，这不仅仅限于社区环境问题。此外，也要考虑农村面临的相应问题。

三是全人群需求考量不足。从历史发展来看，我们的社区环境建设规划内容越来越丰富，建设部门对小学、幼儿园的布局和要求也越来越细。对社区环境范围内的老龄服务设施于2013年开始，有了部分强制性规定，如规定社区要有每人不少于0.1平方米的相应设施。我们预见，老龄社会大多数人会选择居家养老，未来社区环境建设面临的最大问题是，能否在社区发展老龄服务。此外，社区环境中年轻人活动的公共服务场所也远远不足，这些问题都需要重新做出谋划。

农村社区面临的问题和城市不一样，土地和场所不存在问题，人们对村镇社区发展老龄服务也比较认可。但难点在于资金和人力资源不足等问题。这些问题同样需要统筹考虑，做出长远安排。

四是综合服务体系载体考量不足。 进入老龄社会和长寿时代，社区环境应当包含覆盖居民全生命周期生活事件的服务体系，从出生到身后都应当有相应的服务机构，比如婴幼儿看护、幼儿园、日间照料中心、家政服务机构、老龄服务机构、日常生活服务以及物业服务等。新冠肺炎疫情的防控证明，我们的社区环境在应对重大风险方面是过硬的，网格化管理的理念和做法也是值得称赞的，但是，从日常生活来看，社区服务及其体系构建还存在一些问题，例如婴幼儿看护服务不足，家政服务难以做强做大，老龄服务特别是入户服务还存在短板，物业服务水平参差，等等。究其原因是多方面的，其中最突出的就是社区环境中土地和房产资源缺乏，发展全方位的服务体系很多没有土地和场所预留。现在，我们已经认识到社区环境中事关"一老一小"的服务是较缺乏的，但是，不解决服务体系载体问题，社区综合性服务覆盖全生命周期需要的目标就难以实现。从近十年来社区老龄服务实践来看，仅有资金和人力投入而没有土地和场所，社区层面的任何深度服务都很难发展起来。从风险角度来说，如果有服务需求但得不到满足，将会引发相关风险。

五是社区环境可持续考量的不足。垃圾分类及处理对于城乡社区环境乃至社会环境可持续发展的重要性毋庸置疑，但要做到这一点，涉及居民意识、生活习惯、社区生活垃圾分类设施、监督体系等方方面面，很难做到一步到位，是一项需要做出长期努力的艰巨任务。既需要政府重视，也需要居民配合支持，更需要市场加大投入力度，开发城乡不同模式的生活垃圾分类系统和社区环境可持续维护系统。

六是文化考量不足。社区环境在根本上是人的环境，在这里生老病死的人才是社区环境的主体。我们这里所说的社区环境的文化，不是琴棋书画、跳舞唱歌或者群众艺术活动，而是一种渗透到社区环境方方面面中的精神氛围。现在，在进一步解决"住得好"的问题的同时，我们既要从物质方面着手，例如充分关注建筑及其工艺的健康要求，又要从精神方面着手，例如高度重视住宅设计及其建筑之上的精神引领问题（艺术化生存考量问题）。具体到社区环境建设上，就需要考量整体住宅体系及其整个社区各主体、各设施、各要素之间的文化引领问题。

老龄社会的社区环境建设要在现有硬件体系的基础上重新建构，至于新建硬件体系特别是新建住宅小区，则需要根据长寿时代和老龄社会人们的需求及其结构变化从文化考量上做出谋划安排。对此，我们已经在第六章做出充分论证。这里需要强调的是，要把老龄文化贯穿于社区环境建设的各个环节。

社区环境对于每个人来说都意义重大。许多家庭几代人都要在社区这个环境永续生存，即使搬离本社区，其他社区的环境建设同样重要。通过以上六个方面，我们可以看出，当前社区环境建设远远无法适应长寿时代和老龄社会的要求，需要从根本上解决安全问题、人车矛盾、人地矛盾等。不过，换一个角度来看，这正是未来相关产业的一个努力方向。考虑到已经积累下来的公共维修基金规模越来越大，今后从社区环境治理上应当产生诸多新的建设项目。总之，社区环境硬件体系建设不适应老龄社会的问题需要系统性解决。

农村社区环境适应老龄社会的重建问题，是乡村振兴战略的重要内容，需要汲取城市发展和过去房地产业发展的教训，结合农村实际情况，打造不分年龄、人人平等的乡村社区环境。

交通出行隐含的风险

交通出行体系包括道路桥梁、运输车辆、附属设施（车站、中转电梯等）等方面。总体来看，目前的道路设计、运输车辆设计、附属设施建造等基本上对出行人友好。但现有交通出行体系在适老性上还有不足，虽然有基于残疾人方便的无障碍改造，但还有些基础硬件没有全部覆盖适老问题，例如道路桥梁方面，无障碍设施建设不足、部分过街桥没有无障碍通道等。

新生业态隐含的风险

进入 21 世纪特别是近十年来，伴随房地产市场调整，社会硬件体系建设出现许多新的发展趋势，这就是经济产业界顺应人口老龄化要求，在"养老地产""康养产业""旅居养老""文旅产业"等领域产生了一系列新业态和新的发展模式，给社会硬件体系建设带来新的发展活力，但也带来诸多问题，主要包括：一是大批涉老地产项目巨额投入，但除了少数成功项目值得高度关注，大多回报惨淡；二是市场定位模糊，盈利结构和盈利模式尚处于探索阶段，收益突破盈利拐点尚未出现；三是有些供给导向的项目，运营不乐观；四是适老化改造潜在需求巨大，但尚未形成成功的商业模式，也没有出现关于适老化改造的行业标准、报价系统、监督机制等。总体看，这些新产业、新业态目前已进入相对理性发展阶段。着眼长远发展看，分析这些问题，原因值得认真总结。

第一，从供给侧来看：一是客户定位不清晰、客户需求识别模糊，例如有的项目定位活力老人的中医养生、文化、旅游、康养需求，但实际客群的捕获渠道和方式缺乏针对性安排；二是软件服务安排流于一般化，消费痛点要么没有抓住，要么都想抓；三是营销运营缺乏有效战略和针对性，甚至有的定价策略不符合目标客群需求；四是盈利结构和盈利模式概念化。总体来看，以上面临的诸多问题说明，供方已经进入一个新的未知领域，既需要重新审视需方需求，也要进行针对性有效策略的研究与实施。

第二，从需求侧看：一是需方不知道供方有什么样的产品和服务，或者不知道到哪里去寻找供方；二是需方对供方缺乏信任；三是供方所供非需方所需，或者内容、价格、方式难以接受；四是需方知道自己需要什么，但难以独自决策，即存在消费决策困境问题；五是需方有消费能力但不知道自己真正需要什么，例如刚退休的老年人会有离开工作岗位的失落感和面向老年期的不适应感，如何适应人生后半段的退前教育缺位，他们不清楚自己应当需要什么。总之，以上问题表明，需方也已进入一个新的未知领域，既不完全了解供方，更不完全了解自己。

第三，从政策创制方看：一是政策的分块发力与需方综合需求、供方综合供给难以对接；二是政策多，但综合解决问题的政策协同度不到位；三是各部门单独发挥职能作用的主动性增强，但多部门协调机制弱化现象突出；四是供需双方政策不匹配，供给侧政策多，但需求侧政策少；五是政策创制多，但落实落地困难。以上问题表明，政策创制方也已进入一个新的未知领域，难以精准了解供需双方及其匹配状况。

总体来说，伴随老龄社会的到来，供需双方和政策创制方等都已进入未知的新领域，都要理解老龄社会到来在硬件体系领域带来的新经济，创新开发适应老龄社会新经济的商业模式。

老龄社会宜居革命

精神家园是人追求生存意义的归宿，而居住生活建筑乃至整个社会硬件体系是我们构建精神家园的物质依托。从中国河姆渡遗址、半坡遗址到今天完好保存的乔家大院，再到新中式四合院、砖混结构低层楼房以及钢筋混凝土塔楼和各式各样的钢筋混凝土楼房，我们可以看到各种建筑风格的演化，背后的诉求是一致的。通过这些建筑，我们可以探究并体验不同时代人们对精神家园的设计理念及其衍生的各种物质载体。未来，在老龄社会，人们对精神家园的诉求有哪些变化，这些变化诉诸物质载体应当如何体现人们的新理想？这是我们迈向老龄社会过程中建筑乃至社会硬件体系重建的新方向，这就是宜居革命。

建筑乃至整个社会硬件体系是社会模式的物质映现。20 世纪，很多人崇尚简约现代主义，把整洁清净的瑞士疗养院的医院审美观念，比如直线、洁净、无拐角、无灰尘、无记忆等作为住宅的设计模型。日本养老院从灯光到无障碍的设计，处处细节无不闪现出对生命的关切和抚慰。芬兰现代建筑设计大师、艺术家、人情化建筑理论倡导者阿尔瓦·阿尔托充满对人性的悠闲浪漫情怀，他常常建议学生，设计窗户时可以想象着心爱的女孩就坐在窗前。我们也可以设想，养老院的设计师可以想象自己可爱的老祖母快乐地住在里面，或者想象自己老来午后怡然品茶的美好场景。的确，建筑的无穷力量可以开发，"医院本身的设计就能够治愈我们，学校可以是令人兴奋的，街道可以被设计成好客的、安全的"。当然，面对人口老龄化特别是高龄化，我们还需要建设治愈抑郁症患者、慢性病患者、阿尔兹海默症患者的建筑。这只是适应老龄社会要求的社会硬件体系的一个重要角落。从整体上来说，着眼长远，面对长寿时代和理想的老龄社会，针对社会硬件体系隐含的各种风险，我们需要一场深刻持久广泛的宜居革命，为美好生活打造更高层次的生境。这场革命具体体现在以下方面。

第一，老龄社会观念的革命。当代建筑学已经不是钻进材料、图纸、技术、工艺、装潢等要素的象牙塔式的封闭学问，而是首先关切人的生存发展状况和走势的多学科群。不可否认，历史上建筑源于人的实际需求所拓展出来的功能创新空间，也是各种可能条件组合的产物。进入老龄社会以后，随着经济社会发展水平的提高、科学技术的广泛运用、人口平均预期寿命的延长，以及人口集中促使的居住预期向高层次跃进，特别是健康、便利、艺术化甚至智能化要求日益凸显，人们对硬件体系特别是对居住、出行、工作、活动空间和环境的要求，发生了从"有房住"到"住得好"、从"出行有工具"到"出行舒适有品质"、从"工作场所安全"到"工作环境健康有层次"、从"活动有室内条件"到"活动空间艺术化"的转变。更为重要的是，历史上社会硬件体系的发展，一直对不同阶段人们的社会互动关系、家庭社会结构、工作娱乐中的人类关系乃至社会模式关系都有所考量，例如工厂建设既要考虑工作区的设计，还要考虑居住生活区的安排。因此，当前和未来硬件体系建设的任务，就是要转变原有观念和思维，对老龄社会深度演化过程中家庭关系、居住安排、工作关系乃至整个社会关系及社会模式进行全面研究，厘清人们对硬件体系要素及其重新构架的多元化、多层次需求，从而为建设适应老龄社会要求的硬件体系建设或重建工作做好跨学科、多学科的知识准备。

第二，建筑设计观念的革命。老龄社会建筑设计观念要更突出宜居功能。具体说，重新树立要素独立又相互联动的安全观念、方便观念、全生命周期观念、健康长寿观念、艺术化生存观念、人本科技观念和人类命运共同体观念。例如，安全观念要充分结合全生命周期观念即不同阶段的需求来考量，方便观念要结合人本科技观念即科技以服务人为中心的观念来考量。建筑自身外在的"寿命"和内在"功能寿命"要结合人的寿命来考量。安全、方便、全生命周期、健康长寿、艺术化生存、人本科技观念要结合人类命运共同体观念来考量，打造贯穿命运共同体观念的大大小小的硬件载体，促进人与人关系和谐友好，在建筑和功能上消除人际关系摩擦。从历史来看，所有伟大的建筑都充满情感，这恐怕是适应老龄社会建设相应硬件体系的核心。

第三，建筑技术和工艺的革命。考察不同历史上的建筑遗存，可以了解建筑技术和工艺的发展链条。甚至在远古建筑遗存中，我们常常都会惊叹于祖先对于取暖、排水等工艺的考量精妙。面向未来老龄社会的要求，社会硬件体系的建设和重建既需要从技术为本、资本为本的逻辑转向以人为本逻辑，创新开发适于健康长寿和宜居宜行的建筑新技术、新材料、新工艺，更需要超越前人、创造标志长寿时代和老龄社会的建筑奇迹。

第四，经济产业运作的革命。着眼长远看，未来社会硬件体系建设或重建是更大的新经济。自工业革命以来，企业家的终极理想就是"最后一公里"问题。谁能占据居民所在的社区，谁就能雄踞天下市场。依托社会硬件体系建设和重建来发展老龄经济是未来最大的风口。

中国社会硬件体系建设已经到了提升层次的战略转折点，中国的房地产业也亟待升维。硬件体系是为人服务的，但是人们现在越来越重视硬件体系对人的塑造作用。面对长寿时代和老龄社会，我们要为未来打造适应老龄社会的硬件体系提供中国智慧和中国方案。

老龄宜居产业是未来的基建经济

社会硬件体系建设需要双轮驱动

从理论上说，长远看，如果不采取战略性举措的话，现有社会硬件体系，特别是关于民生日用的社会硬件体系，将伴随人口老龄化深刻演进而出现诸多不适应，隐含的风险也将会显现。从现实来看，对现有社会硬件体系做出基于老龄社会取向的适应性战略调整，将涉及方方面面，既有新建也有适应性改建，既有大型工程的建设或改建，又有涉及所有家庭的新建或改建，既有传统基础建设工程，又涉及创新性的"新基建"工程，既有硬件体系本身的改建，更有依托硬件体系的系统化、规模化后续服务体系的创新开发，涉及的人力、资金（金融）、技术、材料、管理、服务难以估量，实现社会硬件体系真正适应老龄社会要求的目标面临艰巨的任务。对此，需要两条腿走路，事业和产业双轮驱动，共同运作。

首先，要充分发挥政府作用，大力发展老龄宜居事业。在未来社会硬件体系新建或改建巨大工程中，政府的作用举足轻重。一是要广泛宣传老龄宜居观念，既要面向传统建筑各细分行业和上中下游企业，又要面向新基建各细分行业和上中下游企业，还要面向大众和千家万户，广泛宣传社会硬件体系适应老龄社会新取向的重要性、严峻性和紧迫性，统一思想，提升共识，为实现既定目标奠定思想、观念和群众基础。二是在实施积极应对人口老龄化国家战略、城镇化战略、乡村振兴战略等相关战略的过程中，把发展老龄宜居事业和产业纳入战略重点，并纳入地方各级政府发展规划中。三是研究实施老龄宜居事业和产业发展标准体系，确保城乡新建硬件体系不做二次改建改造，同时，基于老龄社会取向对现有硬件体系的适应性改建工程研究实施体系化的建筑标准。四是建立多元化老龄宜居事业和产业发展的资金筹措机制。建立老龄宜居事业发展财政专项基金和彩票基金，对政府兜底对象住宅和公共服务设施的适应性改建工程提供资金保障、支持科研机构开展老龄宜居新技术研发、建立老龄宜居部品政府采购目录。建立老龄宜居产业发展专项基金，引导老龄产业企业从事老龄宜居产业部品、技术开发、新业态创新。五是坚持"房住不炒"的理念，通过全面深化改革，扭转房地产市场金融功能过度化发展格局，弱化住房金融功能，引导企业通过开发后续纵深综合性服务体系化住房的宜居功能。六是加强老龄事业和产业发展监管体系，健全相关法律法规，完善相关事故认定和服务纠纷处理办法，弥补硬件体系不能适应老龄社会要求导致相应事故没有法律依据的空白。

其次，要充分发挥市场作用，大力发展老龄宜居产业。实现社会硬件体系适应老龄社会要求并进行新建和改建，是一项艰巨的长期工程，必须坚持发挥市场配置资源的决定性作用的理念，走社会主义市场化发展道路。社会主义市场化道路是人民站位，是利润和成本的合理化。因此，发展老龄宜居产业还需要结合中国国情，进行社会主义市场化创新探索，把企业的合理收益和对人们的人文关怀结合起来。这里，最难的问题就是房地产市场的系统性改革问题，但如果把建设和改造住宅和后续体系化纵深综合性宜居服务结合起来，这将是一个巨大发展空间。

最后，要充分发挥社会作用，形成发展老龄宜居事业和产业的强大合力。发展老龄宜居事业和产业，政府是引领者，企业是操作者，社会大众和千家万户则是真正的主体。要倡导年龄友好型、全生命周期友好型、健康长寿友好型老龄宜居新理念，树立"房子早改造，风险灾难不会闹""宁肯花钱改家，绝不跌倒抓瞎"等宜居新风尚，鼓励人们自觉参与开展住房的适老化（不仅仅是适合老年人）改建行动，这是未来老龄宜居事业和产业发展的根基。

老龄宜居产业是新基建经济

老龄宜居产业并没有游离于基础建设的大范畴，有包容新基建的巨大空间。不过，相对于传统社会硬件体系建设来说，老龄宜居产业是新的更高层次的基建经济，将推动人、社会模式与社会硬件体系的高度融合，助力人们适应长寿时代的全方位要求，升维生活方式和提升生活品质，并最大限度消除目前不适应的诸多风险甚至灾难，改变初级阶段老龄社会的形态，向理想老龄社会迈进。

第一，老龄宜居产业是新经济。经历工业革命特别是 20 世纪的加速发展，社会硬件体系已经成为现代经济中发达的不动产体系。而在不动产体系繁荣发展的同时，作为社会主体的人及其结构也发生了深刻变化。但是，如前所述，全球不动产经济体系成长过程与人口老龄化进程各行其道，不动产经济体系的快速建设与人的结构性需求之间的不匹配日益扩大，造成前述不动产经济体系不适应老龄社会的新要求，带来很多风险。目前，我们面临的最大问题是，现有不动产经济体系二次建设的高成本性与适应老龄社会要求二次建设的必要性和紧迫性之间的巨大冲突。微观上来看，我们入住新购住房后发现诸多不便，但二次建设（装修）面临诸多问题，必然造成"不宜居综合症"不断加剧，这也将成为大力发展老龄宜居产业的促进力量。老龄宜居产业要从人本经济或者生命经济的高度，对现有不动产体系进行二次建设（不单单是适老化改造的小工程）。

第二，老龄宜居产业是基建经济升维的新产业形态。一是从不动产二次建设来说，老龄宜居产业不是简单的建筑补强，而是适应老龄社会取向的新的建筑理念、新的建筑设计、新的建筑材料、新的建筑工艺等的综合运作。二是从不动产新建来说，老龄宜居产业就是重起炉灶，而不是以往不动产建设的复制。三是从适应信息化、数字化和智能化来说，老龄宜居产业必须包容"新基建"，而且，"新基建"更要顺应老龄社会的新取向，否则"新基建"将面临不适应老龄社会要求的二次建设问题。例如"老年数字鸿沟"就是一个深刻的教训。四是从发展方向来说，老龄宜居产业的基础是不动产，但长远发展空间在于依托不动产开发新的商业空间，这就是面向全体人口的各种综合性服务经济。老龄宜居产业是适应长寿时代和老龄社会要求的大基建经济，是传统基建经济、基建产业的升级形态，是适应老龄社会要求的未来基建经济。

第三，老龄宜居产业是面向未来的生命经济。传统基建经济主要关注不动产的建筑寿命，老龄宜居产业在此基础上更加关注不动产的建筑功能寿命，也就是更加关注不动产硬件服务于人的功能寿命，并关切其适应人的全生命周期不同阶段的功能需求。同时，老龄宜居产业的重心在于依托硬件开发无限软件服务体系，就是走内涵式纵深发展道路，也是走外延式拓宽发展道路。简言之，生命的需求在哪里，老龄宜居产业的供给就在哪里。从房地产建设来说，传统的基建产业理念普遍是建设和销售完毕即终结，但对于老龄宜居产业来说，产业线才刚刚铺开。由此来看，面向老龄宜居产业，传统物业体系可能会迎来新的发展机遇。

老龄宜居产业的重点领域

老龄宜居产业是一项长线产业，包括诸多细分行业，涉及建筑设计、建筑施工、住房交易、国有不动产租赁交易、新基建、不动产综合服务等主要板块。

建筑设计管理产业

这是未来老龄宜居产业的引领性产业，涵盖建筑设计研究、规划咨询、标准研究、项目设计、装修装潢、服务管理咨询、建设施工指导、整合宜居资源、宜居品牌项目推广、参与宜居事业规划和监管咨询等诸多领域。目前，上一轮老龄宜居建筑设计管理产业发展主要依靠传统建筑设计管理的国内经验，以及学习借鉴日本、美国、欧洲等发达国家和地区的经验。但问题是，尚未建构起系统化的有中国特色的老龄宜居建设理论，尚未出现在国内外有影响力的老龄宜居建筑设计管理企业。这是下一轮老龄宜居产业向高层次发展的新方向。现有建筑设计管理机构和企业要借鉴国外经验，但更要结合我国国情，开展全生命周期人口宜居需求调查，突出宜居建筑设计的中国文化特色，建立老龄宜居建筑设计全国性行业平台，力争在下一轮老龄宜居产业大发展、大繁荣中涌现出一批知名品牌企业。

建筑材料产业

这是老龄制造产业的组成部分，将在第十章具体论述。

宜居建筑部品产业

这是老龄制造产业的组成部分，将在第十章具体论述。

宜居建设机械设备产业

这是老龄制造产业的组成部分，将在第十章具体论述。

建筑工程产业

积极应对人口老龄化国家战略的实施需要国家加大投入,在城市和乡村新建或改建一大批年龄友好型住宅社区、老年大学校舍、老龄服务培训教学设施、老年护理院、老龄服务综合设施以及老龄产业园等公共服务设施。特别是伴随年龄友好型城市、乡村建设工程的实施,整体适应老龄社会要求的建设或二次改建工程还有很大发展空间,这就需要建筑工程产业转变观念,加强宜居硬件体系功能,提升施工技术工艺,打造全龄型社会宜居硬件体系。

装修装潢产业

中国的房地产业以及公共服务设施经过建设周期,即将迈入改造升级周期,居民住宅二次装修装潢工程大幅涌现,许多公共服务设施,例如线下实体商场,亟待盘活利用,这是新的商业机会。虽然单体工程量小,但整体工程量规模庞大,装修装潢产业转型升级发展有较大空间。这就需要装修装潢产业高度重视适应老龄社会的宜居观念的转变和提升,研究满足人们更安全、更健康、更长寿、更舒适等诉求的产业设计,加强艺术化设计理念创新,确保设计先进、施工方便、成本适中、质量过关,以及报价系统和质量服务监管体系完善,争取涌现一批本地知名品牌的装潢装修企业。

住房交易产业

随着二手房交易市场的发展,目前已经涌现出许多知名房产中介企业。面向未来,随着人口老龄化特别是人口高龄化快速演进,大房换小房、小房换大房、远郊房换市区房、经济适用房换舒适品质房、独居房换多代居房、多代居房换独居房等住房交易市场将迎来长周期交易量的上行走势，其间还衍生大量房屋二次改造业务。如果房产中介企业能够站位老龄社会转型背后催生的老龄宜居产业需求，就需要从信息平台建设、装修装潢工程拓展、纵深服务延伸等方面，瞄准市场需求动态变化，实现住房交易市场战略转型升级，赢得更大发展空间。

国有不动产租赁交易产业

目前，废弃厂房、大量疗养服务设施、废弃楼堂馆所以及农村空心化导致的学校、集体公共设施等大量闲置。如何盘活如此巨量的国有资产，不仅仅是建筑意义上的二次适应性建设问题，而应将之看作老龄宜居产业拓展内涵式和外延式发展模式不可多得的依托载体。这是一个巨大的新市场。为此，一方面，国家要研究战略和具体操作性政策，打通部门、地方利益格局限制，结合实施积极应对人口老龄化国家战略、乡村振兴战略和城镇化战略，探索混合所有制运作模式，采取租赁等形式，引导企业发展面向全民的健康、文化、旅游产业，重点发展面向中老年人的相关产业。另一方面，企业也要积极探索新的商业模式，研究盘活大量国有资产的市场化路子。

新基建产业

5G 基站建设、大数据中心、人工智能、工业互联网等领域的新基建产业与老龄宜居产业息息相关，并经过整合发展可能衍生出新的细分行业，如老龄宜居大数据产业（整合全民全生命周期居住、出行、健康、疾病、家庭消费等全方位数据，为提高长寿时代人们的宜居生活品质提供强大数据支撑，既可以服务政府，更可以为市场和企业提供强大数据支撑）、宜居智能产品产业等。为此，一方面，新基建需要从战略上考量老龄社会转型的结构性新需求，避免二次建设；另一方面，老龄宜居产业的硬件板块和服务板块也要积极主动，从新基建规模推进中找到自己的发展可能和空间。

社区不动产综合服务产业

这是未来老龄宜居产业的战略重点。伴随人口老龄化和经济社会快速发展，围绕社区不动产体系的新生服务需求日益强劲，从婴幼儿到高龄老年人、从家政服务到日常生活服务（就餐、购物）、急救安全、婴幼儿看护、健康管理、医疗康复、老人看护、短中长期照护等刚性服务需求与日俱增。如何满足这些需求并推动相关服务产业成长壮大，第九章将专门论述。这里讨论的问题是，近十年来，相关社区综合性服务政策不断出台，政府和市场也做出过巨大努力，但成长性受阻。其中一个重要原因就是社区范围内从事各种服务的场地短缺。这个问题不解决，社区范围内蕴藏的巨大产业潜能就难以发挥。从这个意义上说，如果我们转变观念，依托物业体系，开发社区不动产综合服务体系，既可以解决房地产业转型的一系列问题，又可以启动二次建设产业（如适老化改造、全龄化住宅全功能改造和装修装潢），推动物业体系产业化，提升社区服务能力，释放巨大消费潜能，还可以发展面向老龄社会需求的新产业业态——老龄服务产业。总之，社区隐含的潜能是老龄宜居产业发展的重大机遇之一。

独立不动产综合服务产业

目前，这一新业态已经有了有益的尝试，如文旅地产、康养地产、教育地产、医疗地产、中医地产等综合性地产项目开发。同时，在运营模式上也有会员制、租赁、使用权购买等多种探索，不动产投资信托基金（REITs）市场也正在发展。总体来看，这也是未来老龄宜居产业的重要发展方向。

老龄宜居产业的未来

综前所述，老龄宜居产业是长寿时代适应老龄社会取向的新的基建经济，其产业定位就是面向人的全生命周期功能和服务需求，整合土地、金融、技术、服务等相关产业资源，硬件建设和软件建设两手抓，最大限度预防人身风险，建设多元化、高层次、全功能的新的不动产综合体系，为人们居住、出行和活动提供安全、方便、健康、舒适的宜居环境。

面向未来，老龄宜居产业发展潜力巨大。一是人口老龄化的快速推进，将带来巨量中老年人口。从 2021 年到 2035 年，中国 45 岁以上人口将从目前的 6.07 亿增长到 7.36 亿。中年人口住宅宜居功能二次建设、换房意愿等的市场潜力值得重视，老年人口的宜居市场需求更是不言自明。二是城市化的加快发展。2020 年，中国常住人口城镇化率已超过 60%，预计到 2035 年和 2050 年，将分别突破 70% 和 80%，届时将会吸纳更多人口入住城市，未来的城市新建市场将属于老龄宜居建设市场，最重要的建设理念之一就是避免因不适应老龄社会要求进行二次建设的风险。三是再城市化趋势。除了少数新建城市，大多数城市基础建设面临建筑老化、服务功能缺失的升级改造任务。四是随着乡村振兴战略的深入推进，实施农村基础建设将迎来新建和二次建设的市场机遇。五是房地产市场全面深化改革将带来新的发展机遇。例如按照"房住不炒"理念解决无房人群问题，会带来一定的基建建设和纵深服务市场机遇。六是未来老龄宜居产业的重中之重是硬件体系建设基础上的软件服务，其间蕴含的潜力远远超过互联网和电商平台建设时期的商机。七是城乡互动衍生的老龄宜居产业市场值得期待。全龄人口利用乡村价格洼地和环境优势，满足旅游旅居、健康养生养老需求，衍生的老龄宜居建设和服务市场巨大。八是境外客户来华健康养生和国人出境健康养生、治疗疾病、康复护理衍生的老龄宜居建设和服务市场活力巨大，今天我们给许多国家修路、修桥，未来修建老龄宜居设施将成为我们新的方向。

总体看，着眼长远，按照老龄社会对整个不动产体系的要求，顺应人们"有房住"到"住得好"等社会预期的根本转变，未来老龄宜居产业将迎来重大战略机遇，而走内涵式纵深发展和外延式拓宽发展路线，还将赢得新的巨大发展空间。

第九章
老龄服务产业

有时能治愈，常常是帮助，始终要安慰。

——[美]T·L·特鲁多

老龄服务产业涉及生活服务和生命服务的方方面面。
我们不能囿于老年人健康养护需求，
而应从老龄社会全人口服务需求结构、
财富代际配置和全生命财富安排出发，
重新认识老龄服务产业的真实需求动向。

服务经济的演化逻辑

"经济"（economy）一词源于希腊语，意为"管理一个家庭的方法"。经济的源头在于家计谋划，也就是家庭经济，经济的演化根源上也都围绕家庭经济。需要指出的是，这里所说的家庭概念，不仅是今天家庭的含义，而是包含家族、氏族的概念。

在服务经济从家庭经济分离出来的过程中，有一个关键的分化机制，是私人领域和公共领域的建构和形成。起初，伴随物质经济游离于家庭经济，物质生产生活资料的媒介经济日益繁荣，这两方面建构起日渐扩张的公共领域，家庭的私人领域的范围不断缩小，功能也开启实质性弱化进程。特别是随着围绕物质生产生活资料的媒介经济体系的形成，家庭服务经济的职能主要在于生活服务和生命服务，这也是维持家庭私人领域的两项重要支柱。伴随公共领域生活性服务体系的形成，家庭服务经济的唯一职能就在于生命服务经济，即生育新生一代和照料服务变老一代以及其他弱者。至于中青壮年一代，他们是自我和他人生命服务的提供者。不过，伴随婴幼儿看护制度、学前制度和完善教育服务体系的建立健全，特别是伴随面向老年人的各类服务机构的兴起和相应服务体系的完善，家庭服务经济乃至整个家庭经济日益空壳化。生产性媒介经济体系日益发达，生活性服务体系几乎无孔不入，而生命服务体系也正在坚挺成长，公共领域的巨大效应日益凸显。本质上来看，这是服务经济发展演化的逻辑，也是经济现象，需要引起高度关注并进行深入研究。

老龄服务产业牵动老龄经济产业全局

老龄服务产业是匹配老龄社会的新产业体系

立足人本经济，应对老龄社会到来，我们需要重新审视新的服务经济需求，重新认识和界定老龄服务产业，并建构新的服务产业及其体系，这是发展老龄经济的重大课题。

时下养老服务是一个热门话题，针对性很明确，就是指向因老年人口越来越多而衍生的诸多服务问题，但我认为，这还不是指向老龄社会引发的结构性的服务问题。客观地说，目前面向老年人口的养老服务是老龄社会服务经济的局部，而不是全局。

近几年来，"托育服务""婴幼儿看护"服务越来越热，这是老龄社会以来人们对服务经济的一个重要认知和观念转变。伴随家庭小型化、生育年龄高龄化和少子化、（劳动人口）大龄化、长寿化等现象的叠加，特别是不婚不育、离婚率提高等婚育观念的转变和生育成本居高不下，生育率不但持续走低，而且出生婴幼儿通过家庭私人领域看护的难度越来越大，生育夫妇看护婴幼儿的时间、精力和能力受到收入水平和职业晋升等多重挤压，父母年事已高，看护婴幼儿的能力和意愿日渐走低。在这一背景下，"托育服务""婴幼儿看护"这一新的服务经济就成为公共领域新的发展空间和发展机遇。从严格意义上说来，这是人口老龄化等因素的结果，也是应对人口老龄化的关键点。

从积极应对老龄社会的全局来说，发展"婴幼儿看护"服务新经济不仅有利于婴幼儿自身成长，为育龄夫妇解决现实问题，而且更重要的是，可以培育生育友好预期，有利于提高生育意愿，从根本上缓解人口老龄化的压力。因此，从出生端和老年端这两个全生命历程重要阶段衍生的生活和生命服务出发，统筹发力，发展服务经济，从老龄社会的新经济观念看，这是匹配老龄社会要求而形成的新的统一服务市场。如果从全生命周期历程阶段看，在婴幼儿和老年服务市场的基础上，再加上青少年、中壮年服务市场，并根据长寿时代要求重新调整服务理念、变革服务方式，这基本上就是匹配老龄社会要求、全生命周期连续贯通的老龄服务经济的基本框架。但这还不是老龄服务经济的全部。

在老龄社会特别是长寿时代，按年龄段区分服务市场不完全符合全生命周期连续发展的要求。从个体来说，如同系统运行对系统初始状态十分敏感一样，老年期的服务需求状况及其服务供给方式与前老年期的生活和生命状态存在密切关联。整体来说，前老年期，特别是少年期服务经济的发展水平直接影响整个社会的生育意愿。老年期服务经济的发展水平对整个社会的生育意愿的影响更为深刻。更重要的是，从老龄社会全局来看，人口结构是不断变化的，人口老龄化水平呈现持续走高态势，但其水平又是可控的，例如在人口总量可控的情况下提高生育率，来降低人口老龄化水平，将其控制在过度老龄化阈限之内。在这一背景下，面对不同阶段的人口结构发展状况做出战略选择，如何选择其他经济政策需要科学谋划，但如何安排整个社会的服务经济结构来满足不同阶段不同年龄群体的生活和生命服务需求，这是老龄社会服务经济战略问题，简单发展养老服务和托育服务还远远不够。因此，面对老龄社会和长寿时代这一新的历史条件，我们从老龄社会的全局出发，考量服务经济结构的动态演变，从全生命历程角度发展长寿时代连续协调的新的服务经济。

综合以上分析可以看出，老龄社会或将引发整个服务经济的再造。从宏观上来说，老龄服务经济将是老龄社会新的战略板块，和相应物质经济、精神经济和媒介经济一道构成匹配老龄社会的新的宏观经济体系，即老龄经济体系。从中观产业经济上来说，老龄服务产业是一个匹配老龄社会要求，包含生活服务和生命服务有机构成的新的产业体系。

老龄服务产业牵动老龄社会整个产业体系

经济发展的源头和持续动力是人的生活和生命需要。考量经济发展既要关注技术创新的动态，诸如云计算、新能源、无人驾驶等，更要透过这些技术创新来考察人们的需求及其深刻变化。

现代经济对于满足人的需求，精神经济是引领，物质经济是基础，媒介经济是工具载体，而服务经济则是终端消费的供给，并形成经济内部的循环机制。从整个经济内部的循环来说，服务经济距离人的直接需求即经济的源头最近，是保障终端消费的最后环节。同时，服务经济借助媒介经济并通过生活服务经济和生命服务经济，把物质经济、精神经济与人的生活和生命终端消费连接起来。因此，服务经济是整个经济内部循环的枢纽性网络，连接并贯通所有细分产业，并确保整个产业体系能够正常有效运转。服务经济关联全产业链和整个产业体系的全局，这是经济内部循环的重要逻辑，也是立足人本经济对服务经济的基本认识。

老龄社会，人的经济需求观念、需求内容、需求层次、需求满足方式以及需求结构等都将发生改变。特别是随着生计问题的基本解决，人们对生活和生命服务的需求将产生重大变迁。从某种意义上说，以往人们生活和生命服务大多属于私人部门的事务，随着经济社会特别是现代化推动的老龄社会的到来，家庭结构和功能逐渐弱化，绝大多数生活和生命服务将面临公共化和社会化发展态势。公共化和社会化的生活服务和生命服务所构成的服务经济，对其他相关产业的引导性、带动性更加突显。本质上来说，老龄社会的服务经济，无论内容、层次、规模和结构，对其他相关产业乃至整个产业体系的联动性更加敏感，并对整个产业体系的整合度产生深刻影响。老龄社会生活和生命服务所构成的服务经济关系整个产业体系全局，需要我们重新认识，并做出新的谋划。

老龄经济并不是在现有经济体系上增加一个新的板块，而是匹配未来老龄社会需求的新的经济体系和新的产业体系。因此，发展老龄经济和老龄产业不是在现有经济和产业体系上增加老年用品、养老服务、婴幼儿看护等新的板块，而是在转向老龄社会的过程中经济和产业体系的战略性、全局性调整。当然，这一调整有一个过程。从先行迈入老龄社会国家的历史来看，老龄经济和老龄产业的调整往往最先是从老龄服务产业开始，随后是老龄宜居产业、老龄制造产业、老龄文化产业和老龄金融产业齐头并进。中国老龄产业的发展逻辑也遵循这一路线，老龄服务产业先行起步，其他产业紧跟其后。为什么会呈现如此逻辑，道理在于生活服务和生命服务所构成的服务经济及其公共化和社会化代表整个经济的终极动力。这是我们把握老龄经济和老龄产业的重要基点。

老龄服务需要双轮驱动

老龄社会如何满足人们的服务需求，政府需要发挥职能作用，大力发展好老龄服务事业。

第一，制定实施国家老龄服务事业和产业中长期规划。针对中国人口多，老龄化发展速度快，城乡差异突出等具体国情，深入开展老龄服务需求专项调查，研究老龄服务需求的未来发展趋势，分析存在问题，并对发展老龄服务事业和产业做出战略安排。第二，完善和建构老龄服务事业和产业政策法律体系。第三，完善和建构覆盖全生命周期服务需求的制度体系，如完善优生制度、建立婴幼儿看护制度、建立长期照护社会保障制度、完善满足全体人民全生命周期服务需求的社会福利制度、完善满足社会弱势群体服务需求的社会救助制度等。第四，搭建老龄服务体系，完善老龄服务机制。如改革公办老龄服务机构、大力发展民营老龄服务机构、搭建老龄服务大数据平台、建设老龄服务机构品牌推广平台等。第五，建构老龄服务规范和服务标准体系。第六，建立老龄服务运行监管体系，完善相关监管制度、监管政策和监管办法，如老龄服务机构准入退出制度、制定老龄服务纠纷处理办法等。

但是，老龄服务需求的满足涉及方方面面的资源配置，单靠政府发展老龄服务事业，难以满足多层次、多样化的服务需求，必须走老龄服务市场化、产业化的道路，充分发挥社会主义市场经济配置老龄服务资源的决定性作用。以价格调节为核心的市场配置资源机制，是市场经济实现供求关系均衡的根本机制，也是资本主义市场经济的基本逻辑，不仅存在市场失灵问题，而且是经济周期的主要原因。如果按照资本主义市场经济的逻辑配置老龄服务资源，老龄服务产业的服务行为必然被迫成为资本追逐利润的工具，从而背离人本经济的逻辑。这不仅会加剧经济危机和贫富差距风险，而且服务对象的基本权益也得不到保障。这是十分危险的。因此，老龄服务产业必须走站位大多数人，利润和成本合宜合意的社会主义市场化道路；必须走站位大多数人，专业化、规模化和规范化发展服务经济的社会主义产业化道路。唯此，面对未来老龄服务需求，才不仅能开发出巨大经济动能，而且能为最大多数人的服务需求提供保障。既能利用资本推动经济健康发展，又能利用资本为人服务，这是老龄服务产业的根本。

老龄服务产业的重点领域

老龄服务产业是一个庞大的产业体系，涵盖生活服务和生命服务两大领域。生活和生命服务是家庭服务的外化、公共化和产业化，虽然许多业态目前还不成熟，但未来趋势已现端倪，相关细分领域需要做出战略安排。

从生活服务来说，老龄服务产业未来的重点领域依然是家政、洗染、家电维修、住宿等家庭和公共日常生活细分行业。这些行业发展相对比较成熟，例如洗染行业比较独立完善，家电维修行业网点十分发达，围绕住宿功能的宾馆酒店行业发展更是日臻成熟。但是，过去的生活服务产业主要针对中青壮年人口的生活服务需求，面向婴幼儿和老年人的生活服务需求的供给相对较少。这是未来生活服务产业的新指向。例如，过去面向宾馆酒店行业的洗染服务是一个业务增长点，今后面向医院、养老院、护理院以及居家老年人的洗染服务需求必然大幅增长，企业界应抓住机遇，研究商业模式，例如，可以承包这些机构的床上用品定期或按定制要求提供洗染服务。对需求机构而言，降低财务、人力等方面的投资；对供给机构而言，通过技术创新如循环水利用，节约洗染行业相关资源，即循环水利用需要投入，但可以通过洗染业务收回成本等。家政服务业目前小散乱现象突出，发展空间比较大，难点在于商业模式设计，这是今后的一个增长点。总体来看，生活服务产业伴随生产生活方式转变，特别是老龄社会到来，以及信息化、数字化和智能化趋势，还会不断衍生出许多新的需求，需要产业界厘清生活服务项目清单及其变动趋势，创新产业模式，建构能够动态适应大众生活服务要求的生活服务产业体系。需要说明的是，生活服务产业涉及丰富的产品及其体系，我们将在第十章老龄制造产业中讨论。

从生命服务来说，老龄服务产业未来的发展空间很大。以下列举老龄服务产业的重点领域。

餐饮产业

餐饮产业是服务产业牢不可破的重要根基，也是服务产业中较为成熟的板块。但是，目前餐饮产业消费还是以中青年为主。餐馆里增加儿童椅是一个可喜的变化，但针对老年人口味和要求的变化不大。分析国外和国内餐饮产业的变动趋势，人口老龄化的影响日渐凸显。美国麦当劳在年轻人减少的情况下正在研发针对老年人的新产品，国内许多餐饮公司正在研发入户给老年人送餐的新方案，儿童餐饮需求也列入餐饮公司的议事日程，结合中医研发药膳的餐饮公司也层出不穷，企事业单位内部食堂既向内挖掘饮食潜力，向外拓展业务，餐饮外卖甚至成为城市和部分乡村新的风景线，也出现了中央厨房以及"餐饮＋农场"等新模式。总体看，餐饮产业正在走向多元化、多层次、网络化、移动化、多产业融合化，预示着未来餐饮产业的无穷潜力，新的变革和模式创新仍将继续。因此，针对老龄社会深度发展过程中人口年轻结构的变化，挖掘长寿时代的餐饮红利是未来商业开发的重点领域。除了关注儿童餐饮产业潜力，还要关注中壮年的保健、美容餐饮需求，更要关注规模日益庞大的老年人口做饭难、餐饮口味、服务方式等方面的新需要。同时，中国是餐饮文化大国，区域餐饮文化丰富，是世界上饮食体系最发达的国家，既可以挖掘悠久的传统餐饮文化，也可以开发长寿饮食、分病种饮食等新的餐饮需求。更重要的是，随着人们生产、生活、居住方式的变化，餐饮产业也需要对应做出调整。餐饮产业是未来服务产业的稳定领域，挖掘的空间依然很大，可以容纳一大批知名度高、保持规模经济的集团企业。

美容美发产业

这是一个巨大的产业市场，覆盖所有人群，关乎审美、关乎健康、关乎价值。中青年是重点人群，但老年人的市场也越来越大。目前美容美发产业已经比较成熟，但高端产品的研发还与发达国家有较大距离，美容产品的健康含量和中医美容技术等有待提高和开发，这是今后的努力方向。总体上看，美容美发产业的主要消费者是青年人口，但最具潜力的消费群体是中老年人。如果说青年人的美容美发需求是锦上添花的话，那么中老年人的美容美发需求则是雪中送炭，不仅群体越来越庞大，而且伴随增龄和收入水平提高市场容量更大，需要从研发、品牌、营销、服务方式、商业模式等方面做出更大创新，形成引领美容美发风尚的中国式产业集群、产品体系和品牌体系。

沐浴产业

目前中青年是沐浴产业的主要消费群体，但未来针对老年人的沐浴市场潜力巨大。例如老年人洗澡困难、洗浴风险大、洗浴厌恶心理伴随增龄会不断加深，而沐浴对老年人的健康生活却十分重要。当然，沐浴市场的潜力不仅仅在于沐浴本身，还有附着在沐浴产业之上的洗护用品和保健康复训练市场，可以通过沐浴服务把部分老龄制造产业和老龄健康产业连接起来。未来，面向居家养老和机构养老的沐浴业务可以成为独立细分行业。通过开发泥浴、沙浴、药浴等产品来缓解甚至治疗皮肤病，也可以成为未来关注的新领域。目前，市场上已经出现床上洗浴的新技术和产品，这不过才刚刚开始，未来还需要企业界深入市场调研，研发集洗浴、康复、治疗、祛除老人味等多功能的综合性沐浴方案。

优生产业

这是未来生命服务产业的刚需市场，也是缓解人口老龄化和高龄化的根本举措。最早把优生概念引入国内的是潘光旦先生，但今天讨论优生产业不仅考量人口数量和质量，更重要的是考量人口年龄结构。育龄夫妇生出健康小孩，这不仅仅取决于生育技术的开发，优生政策的强大介入也是重要托底保障。对此，国家不仅要加大投入，研发高端生育技术、降低优生成本，更需要出台相关政策（奖励或补贴政策），这是关系未来控制人口免于过度老龄化的战略性举措，需要建立国家优生基金及配套政策体系。对于市场来说，面向育龄夫妇提供优生产业服务则是一个亟待全方位开发的刚性服务市场。总体来看，未来的发展方向是国家建立专项基金，引导市场提供全方位优生服务，这就需要相关企业瞄准这一战略性细分市场，提前谋划，做出安排，争取在未来优生服务产业占据较大市场份额。中国地域辽阔，完全可以容纳大批优生服务产业集团企业。更重要的是，优生服务产业的产业范围不仅限于中国，在全球老龄化进程中，这一市场的全球性需求值得做出战略性努力，也必然获得战略性回报。

婴幼儿照护产业

中国的婴幼儿照护产业刚刚起步。未来，伴随老龄化、家庭小型化、育龄夫妇职业化以及退休年龄延迟政策实施，特别是"新一代"老年人独立性增强，婴幼儿照护技术要求越来越高、风险越来越大，婴幼儿照护产业将会发展成为新的巨大刚性需求市场。目前，关于婴幼儿照护产业的技术、标准、规范、人力资源以及相关基础设施、政策措施的准备才刚刚开始，需要国家出台配套政策，建立婴幼儿照护制度（核心是费用来源的筹措机制），建设一批婴幼儿照护基础设施，建立完善的监管体系，引导企业生产销售婴幼儿照护产品。在此基础上，下一阶段，相关企业（特别是社会企业）将成为婴幼儿照护产业的主体，不仅可以开发出新的商业空间，关键是可以充分发挥企业落实国家战略的职能，为千家万户提供人性化的生命服务。这一新的产业领域是未来生命服务产业必争之地，难度大、风险高，但前景广阔。需要强调的是，企业应对婴幼儿照护产业的风险不能有畏难心理，解决这一问题主要靠制度安排，如婴幼儿保险制度和婴幼儿照护服务纠纷处理办法等，这是关系婴幼儿照护产业长远发展的重要保障。

成年人照护产业

从学理上来说，精神照护和身体照护在实践上难以分开，但是，身体照护主要是针对身体失能人群的服务，而精神照护主要是针对精神失能人群的服务。从个体来看，身体失能常常伴随一定程度的精神失能，而精神失能进一步导致身体失能加剧也时有发生。但是，从产业整体来说，身体失能和精神失能在操作时有观念、技术、从业人员要求上的较大差异。我们这里主要探讨针对身体失能的照护服务及其产业问题。从先行迈入老龄社会的发达国家的经验来看，除了婴幼儿照护，其他人群中需要照护服务的主体人口是老年人口，主要是中高龄老年人，大约占85％，其余为中壮年术后人群、部分残疾人群等。正是在这个意义上，人们往往把成年人照护服务产业也称为老年照护产业。关于照护服务产业，产业界已经有许多探索，例如日间照料、居家照护、社区照护、机构照护以及持续照护（CCRC）等，未来的发展前景也日益清晰，不少企业已经有长远的战略安排。需要强调的是，未来的重中之重是在社区形成网络化，并与机构照护服务形成联动。虽然轻资产运营是起步阶段的重要选择，但长远看，要想成长为成年人照护产业的龙头企业，没有重资产很难走远。总体来说，中国目前还没有形成一批市场容量大的著名照护产业企业品牌，这是未来的发展方向，也是将来最先发育成熟的老龄产业板块。

精神照护产业

近年来，人们精神疾病直线攀升，焦虑、抑郁以及阿尔茨海默病低龄化现象日益凸显。目前，关于精神疾病还没有权威的年龄结构数据，但青少年、中壮年以及老年人各群体都有相应比例的提升。据世界卫生组织估计，中国有心理问题的人数有 2 亿~3 亿人，各类精神疾病患者突破 1 亿人，阿尔茨海默病患者早已突破 1 000 万人大关。精神疾病负担占疾病总负担比重快速提升。精神照护需求日益成为生命服务过程的一个刚性需求。根据 2019 年相关数据，中国精神疾病机构只有 1 727 个（含精神疾病社会福利医院 144 个、精神病专科医院 1 545 个、精神病防治所 38 个），阿尔茨海默病患者的专科医院和护理院很少，相应从业人员严重不足，远远满足不了现实需求。目前把身体失能和精神失能统一放在养老院、护理院的做法实属无奈，迫切需要政府、市场以及社会各界共同努力，为越来越多的精神失能人群提供科学、人本和专业化的综合性服务。虽然精神照护产业可能是一个巨大市场，但让人产生开发经济红利的冲动之外，也产生日益浓厚的人文情怀。对此，社会企业应当本着人本经济原则，针对这一日益增多的群体提供良好的服务。

临终照护产业

目前生命服务产业面临的一个问题是，鲜有专门的临终关怀服务，以及入户临终关怀服务，人们更多在医院按照住院流程完成这一服务，费用支出也不低。据卫健委统计，一个人一生健康投入的80%用于生命的最后一个月，即临终照护占据中国医疗支出的较大份额。在美国，用于临终照护的每1美元可节省1.52美元的医疗保险费用，节约来源是患者的治疗费、药费、住院费与护理费；在生命的最后6个月，实行临终照护者比没有施用者少用2 737美元，在最后一个月少花费3 192美元。可以推知，中国如果推广临终照护，必然能节省巨额医疗开支，节约医疗资源。根据美国的数据统计，获得临终照护医疗上门服务的患者比对照组降低了56%～72%的住院率。

伴随长寿时代到来，高龄失能、多病的风险日益增多，如何度过最后岁月，减少临终患者的身体和精神痛苦，缓解家人心理悲痛，确保人人有尊严地离开，这是关系所有人利益的重要生命诉求，而提供相应服务不仅政府难以包办，家庭也面临专业知识和技能匮乏。因此，需要充分发挥社会企业作用，开办专门临终照护机构，也可以开展入户临终照护服务，建构以人为本、质量过关、成本适宜、监管到位的临终照护产业体系。同时，由于临终照护产业的特殊性，可以实行特种行业管理制度，把这一细分产业置于严格监管的视野范围之内，既能确保人们得到相应服务，也能保持相关社会企业主体健康持续运行。这一行业未来空间很大，要给相关社会企业和从业人员以相应的社会地位。

家庭法律服务

伴随老龄社会特别是长寿时代的到来，尤其是原有家庭服务职能的外化、公共化和产业化，家庭法律事务日益增多而复杂，既有家庭内部代际之间的财富管理矛盾、遗产处理问题，又可能有优生机构、婴幼儿照护机构、成年人照护服务机构，甚至会出现非法社会组织对家庭的侵权行为。面向未来家庭提供相应法律服务，不仅要从服务需求结构上拓展业务，还要应对新的法律主体，以及法律不能涵盖的新生领域，而且中国城乡差异、地区差异、代际差异、收入差异情况复杂，需要法律服务机构特别是律师机构顺应老龄社会转型，开展新的法律业务。

照护金融产业

无论婴幼儿照护还是成年人照护，都需要强大的金融保障，这就是照护服务费用的制度性来源，这是老龄金融产业的重要组成部分。我们将在第十一章老龄金融产业讨论。

此外，生活和生命服务产业相关产品也是一个很大产业领域。相关问题将在第十章老龄制造产业讨论。

老龄服务产业还有一个重点领域，涉及所有人，这就是殡葬服务。现在，殡葬服务已经部分产业化了。但殡葬服务不能走产业化道路，而只能走殡葬服务事业的发展道路。结合中国国情，殡葬服务作为典型的生命服务应当站位绝大多数人利益，实行特种行业管理的原则，由政府部门严格监管，最大限度降低人们的殡葬服务成本，这是殡葬服务的未来发展方向。

老龄服务产业的未来

认识老龄服务产业的定位

简单来说，老龄服务产业就是老龄社会人们生活服务和生命服务相关细分产业有机整合的产业体系。老龄服务产业是应对经济转向人本经济的产业，也是转向老龄社会的产物。不过，这两重转变虽然具有长期的不可逆转性，但还需要一个较长的历史过程。

老龄服务产业绝不仅仅是增加服务项目，也绝不仅仅是创新服务模式，而是基于应对老龄社会和发展人本经济而构建新的更高层次的服务产业体系，并在此基础上充分利用媒介经济，发展结合物质经济和精神经济的服务经济，整体上升维经济发展的目标、内容、层次、水平、质量和效益。因此，把握老龄服务产业的发展定位至关重要。

第一，树立生活和生命友好型服务经济观。应对老龄社会不仅仅是解决老龄社会带来的服务问题，而是一场经济观的革命，这就是物本经济观向人本经济观的根本转变。应对老龄社会也是一场社会观的革命，即解决老龄社会带来的问题转向构建理想老龄社会的根本转变。简言之，老龄社会不仅要关注外部世界，更要关注人自身的发展，真正从人的物质、服务、精神、媒介需求的角度重构经济。在此基础上的服务经济观就是以精神经济为引领、物质经济为基础、媒介经济为工具载体、服务经济为核心的新经济观，即把生活和生命服务置于经济的核心位置。这就是服务经济在经济中的发展定位，也是老龄服务产业的发展定位。因此，老龄服务产业就是适应老龄社会要求，打造生活和生命友好型服务的产业及其体系。

第二，关注服务经济的本体建设。从服务经济来看，它的底层逻辑是服务持续需求逻辑。没有持续的服务需求，就没有持续的服务供给，就不会有服务经济。那么，对于老龄社会来说，持续的老龄服务需求不是负担和压力，而是老龄服务产业的持久动力，更是老龄社会服务经济的根基。但是，不是所有服务需求，都能产生服务供给，只有有效服务需求，即有支付能力的服务需求才是服务经济的根基。因此，服务经济、老龄服务经济或者老龄服务产业的本体不是服务体系的搭建，而是购买服务供给能力的构建和财富的积累和创造。

第三，把握老龄服务新经济的产业特性。老龄社会覆盖全生命周期的老龄服务产业是新经济，是原有家庭生活和生命私人服务职能的外化、公共化和产业化，以及人本经济取向的新服务经济，需要抓住其产业特性重新认识、重新把握和重新构建。（1）老龄服务是活的即时经济。老龄服务作为生活和生命服务是活的经济，距离消费终端最近，是最活跃的经济。同时，它不像电冰箱这类产品，买回去可以用很多年，老龄服务供给和消费具有一次性。只要有人在，就有需求，就可以根据其有效性进行供给配置。一旦形成服务偏好，消费需求便具有持续性。（2）老龄服务是有天花板的经济。老龄服务不像具体产品那样，凭借一款爆品可以行走天下，而是人面向人提供服务，受到服务半径的约束。如果要扩大服务人群和服务半径，就只能扩大服务网络。而且，即便扩大服务网络，其受众群体也存在天花板效应。一款产品可以拥有上亿甚至上十亿消费者，但老龄服务的消费者永远有上限。总之，产品的产业范围没有限制，而服务的产业范围天然有其上限。（3）老龄服务属于现金流友好型产业，没有应收款困扰。老龄服务的财务优势是除机构、场所投入外，不像产品行业那样，预先生产产品需要大量投入，而且不像产品行业那样，有应收款项，即先付款，才提供服务，现金流友好和负载成本有限是其优势。借此优势，许多企业先从事现金流友好型老龄服务行业，完成原始积累后再进军老龄制造业等其他行业。（4）老龄服务是劳动、资本、技术和土地密集型经济。老龄服务是劳动密集型产业，需要大量人力资源；也是技术密集型产业，需要医疗、护理、老年学、心理学等多学科知识技能；同时也是资本密集型产业，需要大量资本投入，目前的轻资产运营长远来看必须有重资产支撑才能持久；更是土地密集型经济，没有土地，没有场所，老龄服务难以形成规模经济，也难以实现产业持久。（5）老龄服务是高风险经济。面向所有人的老龄服务，无论是婴幼儿看护，还是中青年术后康复护理，抑或老年人的短、中、长期照料护理服务，都关乎人的生活质量和生命安危。（6）老龄服务是枢纽网络性经济。老龄服务和任何经济形态都可以建立产业关联，从农林牧副渔，到所有制造业细分部门以及金融、信息等媒介经济的各个细分部门，再到精神经济的各个细分行业，都可以建立广泛的产业关联，形成复杂的产业链条。老龄服务产业打破了产业上中下游的传统观念，往往在不同产业链条之间创新出新的服务模式，并带动相应产业协同发展。（7）老龄服务是抗波动性经济。人们不会因为经济危机、通货膨胀或者通货紧缩就放弃看护小孩，或者不管自己的老年父母。因此，发展老龄服务产业是未来应对经济危机的基础支柱经济。

第四，关切服务体系构建。老龄服务产业体系的构建涉及基础设施体系、产业政策法律体系、服务费用支付体系、服务质量标准规范体系、服务运行监管体系以及产业体系之外围条件支撑的服务事业体系，这些都是构建老龄服务产业体系所需的要素、条件或环境。前文曾经谈过，现代经济，特别是未来经济，属于需求经济，有需求就会有供给，或者更准确地说，有有效需求，就会有有效供给。物质经济、服务经济、精神经济和媒介经济都符合这一逻辑。和供给可以创造需求的物质经济一样，老龄服务供给也可以从一定意义上创造老龄服务需求。不过，老龄服务的持续供给取决于老龄服务的持续有效需求。因此，从长远来说，老龄服务产业的发展重心首先是有效老龄服务需求的构建，其次才是供给端自身内部运行逻辑的综合治理和发展机制的构建。

我们必须站位大多数人的利益，坚守合宜利润和合宜成本效益的人本经济逻辑。如此，既能确保老龄服务供给的可持续，又能确保老龄服务需求的持续满足。从需求端来看，需要从全生命周期、全覆盖的制度安排上确保年轻时做好老年期的金融和资产准备，实现大多数人跻身中产阶层，获得与终生劳动相匹配的财富积累，在不同生命阶段购买相应服务。从供给端来看，需要按人本经济逻辑配置土地、资本、人力等资源，最大限度降低非直接服务成本（如土地成本）。简言之，就是按照社会主义市场经济和人民经济的逻辑重新构架老龄服务体系。

面向未来，老龄服务产业的前景值得期待，需要立足当前，放眼长远，从未来老龄服务需求的开发挖掘中找到适应老龄社会要求、培育新经济动能和新业态、保持老龄经济繁荣发展的中国道路，不仅可以为满足长寿时代人们的美好生活提供服务支撑，更有利于为我们应对老龄社会到来的经济压力提供中国方案。

厘清老龄服务产业的未来发展趋势

目前，很多人对老龄服务产业的认识还局限于养老服务、医养结合，把老龄社会的服务简单等同于为老年人提供服务。需要强调的是，老龄服务产业一定要同时关注优生产业、婴幼儿照护产业，尤其重要的是青中壮年人口的服务需求。同时，对老年人的服务需求进行准确的识别和清晰的划分，对老龄社会转型后整个服务产业的结构性需求及其变动趋势进行全局性把握。我们需要立足当前，放眼长远，厘清未来老龄服务产业的发展趋势，以便从战略上做出谋划和安排。

第一，从需求和供给两端来看，未来老龄社会服务需求的市场总量将大幅增长，潜力巨大。一方面，生活服务需求将伴随中产阶层崛起面临层次化、便捷化、精细化、体系化、智能化等升级过程，这就要求相关企业转变观念、重构服务网络、做大客群规模、完善客群结构、创新服务模式、打造服务品牌，赢得生活服务产业红利。另一方面，未来变化最大、机会最多、蕴藏财富也最多的是生命服务产业。

老年人群规模快速增长将带来井喷式新的细分市场需求，而优生和婴幼儿照护产业需求将衍生海量服务需求。随着中产阶层崛起，中壮年人口也将产生诸多新的市场需求。这就需要相关企业明确发展定位，深入开展市场调研，明晰服务需求清单，识别服务需求变动特点，把握不同客群服务需求偏好，引领新的服务模式，构建生命服务品牌，最大限度赢得市场先机和持久优势。总体来说，根据老龄服务产业需求的变化，未来供给端的总趋势是生活服务供给转型升级发展，生命服务供给主要是构建新的服务网络和产业体系。

第二，从生产要素来看，土地瓶颈和土地成本对老龄服务产业各板块的影响深刻。土地既是资本，也是发展社会主义市场经济的基本生产要素，战略性调整的必然性毋庸置疑。居高不下的土地成本情况如果不改变，不仅生活服务产业难以实现升级转型发展，生命服务产业也将举步维艰。同时，盘活实体店土地资源以及闲置土地资源，也是关系整个经济全局的重大课题。长远看，土地瓶颈和土地成本问题的解决是战略选择，土地价格走低是检验中国经济的硬指标。对此，政府和企业界应以前所未有的决心、力度采取战略性举措。未来老龄服务产业乃至整个老龄产业和老龄经济的从业人员的待遇提高也是必然趋势。对此，相关企业要建立人才储备战略。同时，技术和资本要素也是需要考量的重要生产要素，可以在各类细分服务产业充分利用智能化等新技术来降低运作成本，但生命服务产业中人力要素的作用不可替代，也不能替代。这是未来稳定就业的基础性产业。

第三，从发展战略来说，社区是老龄服务产业的第一主战场。电商通过手机、网络、物流，满足了消费者的在地消费需求。着眼长远，如何围绕社区整合各类资源构建服务平台，这是未来老龄服务产业所有企业的第一战略课题。在社区之外，还有广阔的空间，例如闲置资产（如楼堂馆所）、广阔的农村市场将是老龄服务产业的第二主战场。线上平台是所有企业的第三主战场。未来决胜的关键在于如何把第一、第二、第三主战场连接起来，构建相应的服务网络和体系。

建立健全老龄服务产业的支付体系

生命服务产业的支付体系建设直接关联着生育制度、退休制度和相关社会保障制度。基于这一系列制度安排，大众的生命服务需求得以转化为有效需求，并得到保障，老龄服务企业才可以得以顺利发展。着眼长远，为了应对长寿时代和老龄社会带来的生命服务需求，政府需要建构完善生育、婴幼儿照护、退休、成年照护、临终照护等相应制度，并在相关服务费用筹措的制度性安排上做出战略性谋划。这里主要强调：一是建立国家优生事业和产业基金，对育龄妇女怀孕生产提供财政补贴。二是建立国家婴幼儿照护事业和产业基金，对婴幼儿照护及其相关企业提供补贴，并从用地用房、税收、用水用电等方面对相关企业提供优惠支持；三是建立覆盖全民的长期照护保障制度，包括长期照护社会保险制度、长期照护商业保险制度、长期照护社会救助制度。这是未来应对高龄化挑战的重中之重，也是未来的必然选择。但是，这里需要指出的是，要把建立照护服务费用的筹措制度与支付体系分开处理。

先行步入老龄社会的发达国家的重大教训之一是，长期照护保障制度的无底洞效应。在最早建立长期照护保障制度的荷兰以及后来的德国、日本和美国，长期照护费用都是一个无底洞。无论是政府、企业还是家庭对这项制度的共识就是："钱永远不够用"！实际上，深刻研究长期照护费用支付的无底洞效应，表面上是失能造成的，但归根结底是长期照护服务理念和方式的问题。本质上来说，发达国家长期照护服务费用无底洞效应的背后，是现代医学制度和医疗技术难以适应老龄社会的巨大需求。现在，医学界在失能问题应对方面，有了一定的共识，即绝大部分因为慢性病导致的失能现象，运用中医理论和技术更有效。这说明，按照中医药为主导西医药为辅构建长期照护服务体系，是老龄社会的战略方向，不仅有效，而且成本更低。因此，我们可以把长期照护服务费用筹措的保障制度和支付体系分开处理，这是未来应对长寿时代和老龄社会引发的生命服务挑战的希望。实际上，中医药适用于整个生命服务产业，这也要求相关企业需要做好中医药人才储备。

总之，未来老龄服务产业需要完善的支付体系支撑，才能迎来大发展。

充分发挥老龄服务产业的牵动作用

老龄服务产业是最接近民生日用的产业，是需求经济中穿针引线的板块，连接着各个产业。我们需要从老龄社会经济和产业体系发展的全局，来重新认识和把握老龄服务产业发展的作用。一方面，发展老龄服务产业是老龄社会人本经济的应有之义；另一方面，发展老龄服务产业是保持宏观经济稳定的重要基石，也是监测宏观经济运行质量的重要指标。这就需要重新研究老龄社会宏观经济运行的检测指标体系，并对老龄服务产业特别是生活服务产业和生命服务产业开展监测研究，建立相关指标体系。相关企业也要开展研究，以监测自身发展的质量和水平，探索企业升级的路径。

更为重要的是，要充分发挥老龄服务产业对整个老龄经济和产业的牵动作用，建立老龄服务产业与老龄产业其他板块的产业关联，走服务带动产品发展的战略路线。从发达国家和国内老龄产业发展的路线来看，老龄服务产业特别是生活服务和生命服务相关细分行业往往优先得到发展，其他诸如老龄健康、老龄制造、老龄宜居、老龄金融和老龄文化等相关产业相继联动发展。为此，我们需要实施老龄服务产业优先发展战略，并从产业政策、公共财政适当投入等方面做出努力。在微观上，细分产业有其上中下游之产业链区分，但中观和宏观上，既要立足细分产业，更要讲产业融合和资源整合。这就要求我们既要有产业上中下游的思维，更要有产业融合的理念，方能在未来产业发展上找到做强做大的突破口。老龄服务产业不仅牵动产业全局，而且是未来塑造老龄经济形态和老龄产业业态的潜藏力量，需要引起经济产业界高度重视，并从发展战略上做出谋划。

创新老龄服务产业发展模式

老龄服务产业乃至整个老龄产业和老龄经济的根本动力是人的需求，但直接动力却是产业模式创新：一是对终极需求的创新性引导，即对需求内容和方式的再创新；二是对终端供给的创新，即对供给内容和方式的创新；三是对需求和供给对接方式的创新。

未来老龄服务产业的发展，核心在于产业模式的创新。由于老龄服务产业涉及生活服务和生命服务的方方面面，如何创新模式，是各细分行业的核心课题。目前，市场上已经出现了众多的模式创新，诸如医养结合模式、体医养模式、文体医养模式、文体医养护模式、居家养老模式、旅居养老模式、健康养老模式、养老地产模式、医养地产模式、CCRC 模式、REITs 模式、文旅小镇模式、康养小镇模式、老年大学模式、保险＋地产模式、保险＋地产＋长期照护模式、物业＋养老服务模式、基金模式、信托模式、储蓄＋服务模式以及会员制、租赁制、联盟制、互助制（抱团养老）等。客观上说，一方面，中国老龄服务产业发展尚处于起步阶段；另一方面，目前的模式创新主要局限于老年人群，还不是真正意义上的老龄服务产业，未来还有很大空间。老年人的财富名义上是他们的，但从中国传统文化来看，也受子女以及孙子女需求支配，如何调动，单单从老年人入手注定不可行。这也是为什么我们始终都在强调"不能分开年龄搞服务产业""不能就老年人的养老搞养老服务产业",以及要以"老龄服务"这个产业总称来代替"养老服务"这种部门名称。在现实中,我们既要强调老年人的养老问题,同时也要关心年轻人的问题。几十年前,日本社会高度重视老年人的各种问题,也取得许多积极社会成果,但总体上造成重视老年人忽视年轻人的不良社会氛围。于是,"佛系青年"不断增多,"低欲望族"队伍日益庞大。现在日本正在逐步改进。在老龄社会,不同年龄群体的问题都要解决,实施年龄平等的公共政策理念,才是推动年轻一代和老年一代共同战胜老龄社会挑战的正确理念。

为此,我们一定要跳出老年人健康养老护理等需求的小圈子,从老龄社会全人口服务需求结构、财富代际配置和全生命周期财富安排出发,重新认识老龄服务产业的真实需求动向,并在此基础上做出产业模式创新。还需要关注以下几个方面。

第一,聚焦服务项目内容创新。发展老龄服务产业,服务内容为王,或者服务项目为王。对于生活服务产业来说,根本就是服务项目的即时、安全、低成本完成。对于生命服务产业来说,既有日常性服务的供给,更需要爆款服务产品的设计。目前,生命服务产业的爆款服务产品主要是月嫂和为失能老年人提供的长期照护服务产品(医养结合服务的本质就是面向失能老年人提供长期照护服务)。许多企业打造的大健康服务、中医服务等很少有击准靶向的爆款服务产品(医院提供的诸多爆款服务属于老龄健康服务产业)。老龄服务产业虽然经过了一段时间的发展摸索,但目前市面上知名的爆款服务项目还很少。爆款服务产品可以带动整个企业服务产品清单上的其他业务,因此,坚持服务内容和服务项目为王来创新老龄服务产业模式,这是今后的努力方向。

第二，关注混业运作战略。如前所述，老龄服务存在天花板效应，产业线较短是发展的短板。但是，除了通过连锁经营扩大服务受众总规模，加强与健康、制造、金融、文化等产业的混业运作，也是未来的一个重要战略方向。如果受众规模不断扩大，服务消费也可以向受众产品消费领域延伸，这里的空间更大，也更稳固。当然，延长产业线还有其他许多路径，例如联盟制就是一个选择。同时，如前所述，老龄服务产业对其他产业具有先天牵动作用，其他产业要发展，联动服务产业是一大捷径。总之，长远来看，以服务产业为根基，通过战略合作等路径向其他产业线延伸，这是未来老龄服务产业做强做大的必然选择，也是前述倡导的实施老龄服务产业优先发展战略的立意所在。不仅可以把服务经济做实，而且从根本上预防老龄服务产业内卷化现象。

　　第三，探索混合运作战略。民营资本开发老龄服务产业，要完成原始积累需要长期的现金流支撑，发展过程艰难，发展节奏缓慢，但优势是掌握老龄服务产业内核和运行的内在逻辑。国有企业和大资本投入老龄服务产业无须原始积累，它们的优势是资源，但不足是不能精准掌握老龄服务产业特别是生命服务产业的内核和内在运行逻辑，且效率不高。在老龄社会，发展社会主义市场经济，开发老龄服务产业，需要探索实行国有企业和民营企业混合运作的战略路径，例如金融租赁、股权结构设计、企业并购、国有民营、民营国助等创新模式，这是未来老龄服务产业发展的必选模式。

　　第四，注重品牌运营战略。目前，生活服务产业和生命服务产业有一大批业知名品牌企业，既有国有企业，也有民营企业。但是，由于生命服务产业尚处于起步阶段，迄今为止，相关知名区域性企业品牌正在崛起，全国性品牌企业依然很少，未来有很大的发展空间。

　　第五，全力做好人才储备战略。老龄服务产业特别是生命服务产业的根本不是资金、土地等生产要素，而是人才队伍和团队建设。为此，国家需要建立老龄服务人才教育和培训制度，企业也需要有自己的人才储备战略和计划。老龄服务人才涉及资本、管理、服务、中西医药、老年学、社会工作等方方面面，需要长期准备。但是，要实现人才战略的目标，确保优生产业有人干、婴幼儿照护有人服务、老年人有人照料护理，仅仅依靠企业是不够的，需要纳入实施积极应对人口老龄化国家战略，统筹安排。

第六，谋划好区域战略。生命服务属于人面对人的即时服务经济，其在地化本质十分突出。例如，有些养老院院长表示，我绝不会离开本省到外省市发展。这种说法不是没有道理，外地不仅人生地不熟，而且不同区域老龄服务产业政策差异大。此外，从服务对象来说，他们的服务需求以及地方方言、风土文化、饮食习惯等也是重要考量因素。但是，着眼长远，未来老龄服务产业乃至整个老龄产业发展都需要国家从全国统一市场的角度加大政策整合力度，来解决区域产业的深层问题。对于企业来说，除了前述的社区、农村和线上三大战场，通过服务网络构建研究探索区域老龄服务产业布局问题，也是一项重要课题。

第七，强力实施风险战略。老龄服务产业特别是生命服务产业是高风险产业，关系人的生存质量甚至生命，必须实施严格有效的服务质量监管制度。国家要建立健全老龄服务质量标准和服务流程体系，建立健全老龄服务产业纠纷和事故处理法律法规以及相关仲裁鉴定标准，完善老年人和婴幼儿监护制度，建立健全生命服务产业专项监管体系。相关企业也要从服务对象、从业人员、设施设备风险以及机构本身等多风险源头，建立健全相应质量、流程、风险预案等严格的内控制度。

第八，适时实施走出去战略。老龄服务产业在中国既有传统文化的滋润，又有中医药的支撑。在全球化时代和全球老龄化时代，走出中国，为全球提供中国式老龄服务，这既是我们的优势，也是拓展海外市场的重要选择。同时，走出国门，可以吸收国外优秀资源，丰富中国老龄服务产业的内容。老龄服务产业走出中国，这既是中国企业落实双循环战略的内在要求，也是中国实施应对人口老龄化国际战略的必然要求。

老龄服务产业牵动老龄产业和老龄经济全局，对实施双循环战略、实现充分就业、推动老龄社会长期经济繁荣意义重大。同时，通过大力发展老龄服务产业，为人们提供丰富多元、质量优良、价格合宜的老龄服务，也有利于从根本上打造生活和生命友好型、生育友好型人本经济，不仅可以促进人们提高生育、有效防止人口过度老龄化风险，而且可以为人们培育老年期幸福生活的美好预期，解除老年期后顾之忧，从根本上消除"老龄社会焦虑症"，实现人人活得长寿、人人活得美好的人生愿景。

当然，老龄服务产业的主场战在国内，这就需要中国本土企业发挥好主场优势。

第十章
老龄制造产业

知斗则修备，时用则知物，

二者形则万货之情可得而观已。

——司马迁

老龄制造产业更强调产出对消费者全生命周期的连续意义。

未来制造产业的战略选择就是对接和匹配长寿时代的新需求结构、新需求偏好、新需求层次、新需求方向、新需求特点和新需求规律。

物质经济面临深刻转型的大挑战

如何认识物质经济特别是制造产业与长寿时代、老龄社会的关系，这既是经济产业界需要考量的长远战略问题，更是我们构建理想老龄社会的重大经济战略问题。

长寿时代和老龄社会对整个制造产业提出了颠覆性的挑战。我们在这里主要反思一些传统制造产业如果未能及时调整以适应长寿时代和老龄社会，而引发的相关严峻问题。

一是相对于购买力的生产能力过剩。二是农业制造和工业制造所造成的环境破坏、环境污染、全球气候升温等现象。三是一些传统农业制造和工业制造，对人的出生质量、生活质量和死亡质量的关注远远不够。四是面向全生命周期不同阶段，特别是中老年期要求的产业发展起步困难，相应需求空白伴随人口老龄化加深不断扩大。五是制造产业的细分营销管理受移动互联网影响深刻，传统的制造与营销相分离的运作机制面临调整。六是传统制造产业对人们新的更高要求的文化诉求关注不够。七是传统制造产业对人们的生命意义关怀不够。

总体上看，目前制造产业从理念、研发、设计、制造、工艺到营销、后续管理等，都需要向适应长寿时代和老龄社会的新需求方向调整。

老龄社会对物质经济的新要求

具体来说，老龄社会对物质经济特别是制造产品的新要求，除了安全制造、健康制造、质量制造、智能制造，还十分关注以下方面。一是长寿型制造，即产品要有利于促进延长寿命。二是生育友好型制造，即相关产品要有利于人们提高生育意愿，降低生育成本和生育痛苦指数，同时还能有利于婴儿健康成长。三是年龄友好型制造，即产品研发设计、制造使用要充分关注不同年龄人群的不同消费偏好，确保形成分年龄、分生命阶段的丰富的产品体系。四是功能制造，即产品在研发设计上充分考量不同使用者对功能的普遍要求和个性化需求，特别是不能忽视中老年人群消费潜力。五是生命意义型制造，除了考量产品的物质功能，还要重视产品的价值功能，即赋予产品以生命的意义。六是精神型制造。产品既是物质，也是传达观念、精神、时尚和文化的载体。制造产业企业不仅是物质经济的运作机构，更是长寿时代和老龄社会新观念和新时代精神的传播者。这就要求制造产业企业不仅要关注产品的物质逻辑、技术逻辑、合宜成本利润逻辑，还要关注产品的人文精神逻辑。

老龄社会给整个制造产业带来的新要求是系统性的、长期性的，如何认识这一新的变化，还需要一个长期过程。目前，随着科学技术特别是信息化、数字化、智能化进程的加快，制造产业研发和设计人员年轻化趋势日益凸显。在这种情况下，如何使制造产业适应老龄社会的新要求，这是一个具有挑战性的难题。同时，现代制造产业已经

老龄经济

十分发达，不仅门槛高，技术含量高，而且是资本密集型产业，在这种情况下，使产品能够对接各年龄群体的普遍要求和个性化需求需要花很大力气。

现在，老龄社会的新要求已经产生，对制造产业的影响已经凸显。过去，我们往往关注制造产业与人口总量的关系。现在，我们还要重视制造产业与人口年龄结构的关系。从现实经济运行来说，制造产业对年龄结构的变化虽然没有对人口总量的变化敏感，但远比它深刻而持久。对此，实体企业的感受可能最为深切。目前，在全球经济整体放缓的情况下，伴随电商经济的冲击，制造产业面临新的挑战。其中，年龄结构老龄化标志的老龄社会的影响是系统性的。从全球范围来看，年轻人口减少和老年人口大幅增长，对现有产品制造体系形成巨大冲击。基于青年人需要的产品购买群体日益缩小，房地产市场接盘者群体减少带来相关制造产业停产，日用品市场的消费者偏好正在转向中老年群体，数字化产品也开始青睐越来越多的年长者，等等。因此，如何使制造产业加快转型并适应老龄社会的新要求，我们还有大量的工作要做。

老龄制造产业的定位、问题和走向

老龄制造产业的定位

老龄制造产业不仅仅是老年（长者）用品或者养老用品制造产业，更不是在现有制造产业体系基础之上增加一个新的细分产业板块，而是指适应老龄社会要求的新的制造产业体系，是包含经过物理变化或化学变化后成为新的产品的所有细分产业的总和。这里的老龄制造产业创新包括以下几点。

一是强调社会转型对物质产品制造的革命性转变。向老龄社会的转变是社会形态的转变，支撑老龄社会的持续发展，需要全新的物质产品体系及制造体系作为根基。同时，既要充分利用传统制造体系的可延续价值，更要坚决放弃不利发展的个别做法，如环境污染等。二是强调全生命周期健康长寿的新要求。对于老龄制造产业来说，即使有重大的利润价值，只要对人的全生命周期健康长寿有害，就要坚决杜绝。三是强调人本经济的重要性。老龄制造产业作为老龄经济的重中之重，除了生产物质产品，更要通过物质产品强调人本价值和人文价值。同时，老龄制造产业更要体现生命意义，强调要为物质产品赋能，并以物质产品为载体传达生命意义，借以服务人和塑造人。四是强调生产方式的人本站位。反思农业革命和工业革命，在物质产品的制造过程中，带来环境污染等重大问题。制造产业不仅仅是纯物质、纯技术的生产过程，同时也应当是解决贫富差距现象的生产过程。老龄制造产业作为人本经济，在关注安全、健康、合宜利润和成本的同时，更要关注在制造环节缓解贫富差距现象。

中国制造产业面临的问题

中国作为制造产业的大国地位已经牢不可破，但在全球制造产业面临诸多困境的同时，也面临诸多矛盾和问题，诸如高端技术瓶颈、新技术研发基础薄弱、产品研发理念和设计理念滞后、产品工艺设计观念和技术有待提高、制造工艺缺乏积淀和提升、产品品牌管理经验落后、国有制造产业效率不高、民营制造产业发展乏力，以及产品质量、标准以及监管体系有待完善等。

我认为，从世界范围来看，容纳巨大产能的未来全球制造产业并不是尖端科技产品，而是面向全球老龄社会日益长寿的人的生活和生命产品，也就是老龄制造产业所对应的老龄社会新需求结构、新需求偏好、新需求方向和新需求特点所关联的日益庞大的产品体系。从这个意义上说，中国制造产业面临的最大问题是，能否实现战略转型并与之匹配。这也将是我们迎来制造产业转型的重大战略机遇。

老龄制造产业是中国成为制造产业强国的战略选择

从全球范围来看，传统制造产业转向老龄制造产业，这是制造产业新一轮战略机遇。抓住这一机遇，可以奠定很长时期制造产业的战略先机，可以扩大自身制造产业影响全球经济的广阔边界。

实事求是地说，转向老龄制造产业，老龄社会先行的发达国家优势十分显著，它们不仅拥有深厚的技术基础和百年以上制造产业经验，还拥有雄厚的资金优势，而且在农业技术、生物技术、健康技术、医疗技术、药品技术、数字技术、人工智能技术、脑科学技术等方面已经占据老龄制造产业技术优势，对未来中国实现制造产业强国战略形成巨大的竞争压力。

中国制造产业转向老龄制造产业的优势不可多得：一是拥有强大的制度优势；二是拥有未来几十年全球最大的老龄制造产业消费市场，也是未来几十年最大的老龄经济实验场；三是国家责任强大，国际合作优势独特，合作开发老龄制造产业的贸易圈很大；四是在新技术研发领域潜力巨大；五是独具中医健康养生医药技术优势，这是未来长寿时代重要产品。总之，伴随全球人口老龄化的快速推进，老龄制造产业是未来所有国家制造产业的战略方向，占据老龄制造产业高地意味着占据全球制造产业的优先地位。为此，中国既要和发达国家交流，更要和占据人口多数且寿命不断大幅延长的发展中国家加强合作，在人类命运共同体的旗帜下，建设适应老龄社会要求的新的制造产业体系，为有幸普遍长寿的人们提供丰富、多元、有意义的产品及体系。

老龄制造产业的重点领域

老龄制造产业涵盖品类繁多，如何分类，着实是一个十分困难的课题。既不能简单按照传统产业划分标准进行分类，也不能按照年龄划分为婴幼儿产业、青少年产业、中壮年产业和老年产业（或者养老产业），更不能按照性别分为女性产业和男性产业。如果按照上下游划分，又面临三次产业融合发展的分类难题。如果按技术和资本密集程度划分，同样也面临诸多具体问题。从严格意义上说，传统制造产业都需要按照安全、健康、质量和有意义的要求进行转型，但考虑到全球产业融合发展的新趋势，在没有更好选择的情况下，本书按照老龄社会的需求结构，讨论一些优先转型发展的产业细分领域。此外，化学制品、金属制品、废品利用等产业也涉及老龄社会的需要，这里不再赘述。实际上，本书讨论一些重点发展领域，意在引发纵深思考，为人们在制造产业上应对老龄社会转型发展提供一些思路。

食品加工和制造产业

食品加工和制造产业十分庞杂，隐含着巨大的发展机会。相关企业要研究老龄社会人们对食品的需求结构的变化和食品消费重点的转移，考量现存相关生产观念如何适应新需求来谋求新发展，但重点是在生产通用食品的同时，要研发和生产年龄友好型、生命友好型、生育友好型食品产品体系，满足人们的不同需要。

美国的一些企业发现，很多老年人购买婴儿食品并非给自己的孙子吃，而是因为他们丧失咀嚼能力，婴儿食品更符合他们自己的需要，但口味选择余地十分有限。其他许多国家也存在这种情况。所以换个角度看，老龄社会食品加工和制造企业面临许多新的发展机遇。除了考量食品安全、营养和健康，还需要研究分年龄的食品细分需求，即在关注通用食品生产的同时，更要关切婴幼儿、青少年、中壮年以及老年人对食品的不同需求。面向日益庞大的慢性病老年食品消费市场，还需要研发分病种营养养生食品。此外，对于所有人群来说，除了营养食品、保健养生食品等，半成品食品和方便食品也是一个新的发展方向。需要强调的是，现在是全球化时代，信息网络发达，物流递送体系畅通，让各个国家、各个民族的特色食品加工产品在全球范围内流动起来，也是食品加工和制造企业的努力方向。

中国是食品加工和制造产业大国，全国性、地方性知名品牌林立，但全球性品牌还不多，而国外竞争性企业品牌环伺。如何在未来占据食品加工和制造产业市场较大份额，本土企业需要厘清新需求、研发新产品、创立新品牌。

酒、饮料和茶制造产业

伴随温饱问题的解决，在长寿时代，健康、养生需求将成为新的刚性需求。中国是酒、饮料和茶生产与消费大国，未来还有更加广阔的市场背景。酒、饮料和茶这三个领域的制造产业细分行业也比较繁杂，都是经过几千年摸索的制造领域。通过饮用而摄入人体所需成分，旨在保健养生、抵抗衰老、提升生命体验。当然，过度使用也会招致风险，如过度饮用高度白酒。因此，这三个细分领域的未来发展既取决于传统工艺的继承与创新，也取决于营销上的文化包装，但更重要的是取决于其功效和量化饮用方式。这就需要做好三件事情：一是研究所开发产品的实际功效和正确饮用方式；二是注重品牌建设；三是制定有效的营销策略。目前这三个领域中的全国性、地方性品牌不少，但多数品牌影响力有限。因此适应长寿时代的新产品品牌的成长空间巨大，如果考虑到国外市场，空间可能更大。

从某种意义上说，酒、饮料和茶制造产业也是文化包装的产物，是对生活方式的引领。在这三个领域有些品牌文化包装十分成功，关键在于：一是紧紧抓住年轻人喜好，二是品牌质感高；三是代表未来梦想。今后步入老龄社会，就不能单单采取抓住年轻人的产业观念，更先进的理念是抓住全人口特别是要抓住拥有财富的中老年人口。因此，对于从事酒、饮料，特别是茶产业制造的中国经济产业界来说，除了要开发适应长寿时代要求的相应细分产品，更重要的是要搭上中国崛起这趟列车，创造中国品牌，壮大制造实力，为中国和全球市场提供丰富的饮用产品体系。

纺织、服装和制鞋产业

工业革命是从纺织行业开始的，它契合了人们穿衣这一基本需求。纺织、服装和制鞋产业，都是基础性产业。穿衣是人们的基本需求，这是不变的需求，变化的只是穿的观念、穿的材料、穿的功能、穿的方式等。伴随信息化、数字化特别是智能化，人们对穿着的需求已经发生重大变化。穿得更健康、更方便、更智能、更时尚等诉求越来越普遍。过去，服装行业的关注焦点客群是年轻人，特别是年轻女性。现在，伴随青少年人口、中壮年人口和老年人口三分天下格局的形成，纺织、服装和制鞋产业面临新的选择。穿得既时尚又可养生养颜、既保健又具有更好保暖功效等，成为人们的更高诉求。特别是伴随中老年人群规模的大幅增长，如何赢得他们的青睐，这是未来纺织、服装和制鞋产业在面临市场重新洗牌过程中制胜的关键。

从全球范围来看，具备竞争力的服装和制鞋品牌不胜枚举，有的专注女性时装、有的专注商务男装、有的专注女鞋、有的专注运动鞋等。中国很多品牌也已跻身其中。更重要的是，目前，面向中老年人保健、养生、抗衰老的服装和制鞋的中国知名品牌还不多，这是今后需要努力的方向。

日用品制造产业

日用品是真正的刚需市场，也可能是最庞杂的制造产业，从小纽扣到洗涤再到整体厨房等包罗万象。目前中国是全球最大的日用品制造国家，但面向未来，该领域发展空间依旧很大，我们要做的事情还很多。一方面，人口结构特别是青少年人口、中壮年人口和老年人口三分天下格局形成带来新一轮日用品市场需求的结构性变化；另一方面，碳中和特别是环境污染治理也带来许多严苛新需求。这都是日用品制造商重新谋划发展需要从战略上考量的重大问题。需要强调的是，要考量分年龄日用品的细分需求。例如适合老年人使用、既环保又舒适、可去老人味、缓解瘙痒、具有保健功效的洗涤用品市场有待填补空白。如果能搭上全球性品牌效应的快车，未来的市场潜力毋庸置疑。这样的案例不胜枚举，值得日用品制造产业界人士进行研究，难点在于，如何进行技术创新以符合环保要求。可以预见，如果能在这方面出类拔萃，未来或将成为洗涤用品领域的头部企业。当然，日用品和健康长寿生活品质需求相结合的点多如牛毛，只要找到一个，就可以成就一个企业，甚至成为一个城市的名片。限于篇幅，我们仅简单通过举例来说明日用品制造产业转型发展的线索和市场前景。

健康用品和体育用品制造产业

健康涵盖范围广泛庞杂，这里的健康用品主要指实施健康管理的用品设备。从全生命周期视野来看，以主动健康观为指导的健康管理和"治未病"以及"关口前移"等十分重要，在应对长寿浪潮过程中举足轻重，具有战略意义，不仅可以提高全民健康水平和生活质量，降低疾病和失能发生率，而且可以从根本上堵住医疗费用的无底洞，有利于个人和国家把有限的资源用在更高层次需求的供给上。如前所述，医疗产业只能做强不能做大，但前提是健康用品的产值一定要大，把资金用在这里可以节约医疗医药费用。本质上看，这是一个低成本战略问题。但是，健康管理观念自从普及以来，一直面临难以落地的困境。其中一个重要的原因就是缺乏健康管理工具，也就是缺少用品设备的强大支撑。从理论上说，健康管理主要包括健康教育、健康检测和健康干预。从现实来说，围绕这三方面的需要，制造业界已经有了一些新的突破，例如各种检测设备应运而生，至于健康干预的用品更是层出不穷。但整体来说，还缺乏具有全国乃至全球影响力的产品品牌，中低端用品较多且技术和品牌含量不够，高端用品的技术自主开发不够。这是未来我们的重要主攻方向。此外，健康管理用品设备既有适合各年龄人群的，也有专业性、分病种甚至分年龄和性别的。这些都需要制造业界深入研究，借鉴全球先进经验，加快自主创新，加强品牌营销和管理，尽快形成市场细分、技术高端、制作精良、价格适宜、个人使用方便和机构使用高效的健康管理用品设备市场体系。政府或者企业可以联合建立创新园区，打造推广平台，推动这一行业快速成长成熟，为堵住医疗费用无底洞发挥不可替代的作用。可以预见，这一产业未来不仅市场容量较大，更重要的是国家也会加大公共财政投入。

　　发展全民体育运动是以主动健康观念为指导来应对长寿浪潮和老龄社会浪潮的重要基础性、战略性举措。在这方面，我们的观念普及（指科学运动指导）和机制性约束都不够，相关用品市场也存在开发不足的问题。目前，全民终身体育观念还没有深入人心，更重要的是，终身体育用品研发设计观念落后，而且面临诸多海外品牌的强大竞争。未来，随着老龄社会的深度演进，这一领域的发展空间将越来越大。如何营销和进行品牌管理当然十分重要，但当前最突出的问题是，对这一领域的需求清单认识模糊，相关技术研发投入不足，市场关注度不够，且整体上缺乏长远考量等。这是今后制造产业的重要主攻方向之一。未来的购买主体既有学校、机关、事业单位和社会组织等，更有规模庞大的个人消费者。

文化用品制造产业

这是彰显生活层次的重要产业，也是长寿时代和老龄社会颇具成长性的产业，是应当由政府扶持的新型战略性产业，更是发展人本经济的重要产业。我们需要回归传统文化，学习全球先进文化，但长寿时代和老龄社会的文化应当是什么，人们需要什么，这些问题更需要我们认真研究。文化用品制造业涉及诸多细分领域，涉及所有人群。现在，我们知道未来的这一领域市场容量很大，但里面究竟有什么，还需要我们边学边干边研究。

从总体趋势来看，文化用品制造产业的产品有三个层次：一是生存知识和技能领域的文化产品。实际上，无论什么年龄的人群都需要这类产品，但这类产品也有显著的年龄差异化需求，需要企业深入研究。二是个人价值实现领域的文化产品，同样也存在显著的年龄差异，现在要重点研究中老年人喜闻乐见的文化产品。三是享受消遣类的文化产品，这一领域的增长空间会越来越大。当然，也存在三个层次合一的可能性。至于面向哪一类人群制造哪一类文化产品，这既取决于市场需求，也取决于企业的长期战略定位。但无论如何，未来文化用品制造产业市场规模将伴随长寿一代各年龄群体的需求不断扩大。值得强调的是，由于年龄差异化需求的存在，在传统文化产品和新型智能文化产品的研发设计上，应当考虑各自消费需求的偏好。

电器和智能制造产业

这是一个十分庞杂且大宗商品集中、竞争白热化的产业领域，也是未来制造产业适应长寿时代和老龄社会要求的重点战略领域。目前，伴随信息化、数字化和智能化趋势，电器和智能制造领域产品更新换代频繁，传统电器制造面临严峻挑战。未来的长远需求走势如何，众说纷纭，我在这里主要讨论把握未来需求趋势的一些线索性思路。一是考量年轻人口需求的同时，重点考量年轻潜在适婚人群的具体需求，即充分考虑应对人口老龄化战略的实施，推动年轻夫妇婚姻友好型、生育友好型产品。二是考量中壮年人口的就业需要，适度发展智能机器，防止智能制造排挤人和加剧失业率上升的风险。三是充分关切老年人口特别是中高龄老年人口的具体需求，生产老年友好型电器和智能设备。总体来看，科学技术和智能化必须拥抱人口老龄化，而不是相反。否则，相关制造产业将会面临破产的困境。需要强调的是，这不是学术研究结论，而是未来相关制造产业的产业政策导向。

中医药制造和中医医疗器械设备产业

中医在应对长寿时代和老龄社会健康方面具有独特优势，站位全人口健康，在产业上要和西医分开运作，形成真正的竞合格局。具体来说，应从以下方面发力。要研究中西医在应对疾病上的可竞争边界，明晰西医药过度医疗的病种清单，形成中医药与西医药的可竞争领域，建立平等价格和报销政策，为中医药发展提供支持。同时，加大公共财政投入，研发应对高龄疾病、慢性疾病的创新中医药品，加快生产传统中医药品。此外，发挥优势，开拓中医药国际市场。更重要的是，建立严格的质量监管体系，从上游提高中医药药材生产质量。充分利用现代技术，加快传统药方、有效偏方的产品化进程，把有效中医药药方变为质量过关、价格适中、方便服用的有形产品。总之，中医药制造产业发展的关键不在中医药产业之内，而在中医药产业之外。对此，需要从积极应对人口老龄化国家战略和健康中国战略的高度重新谋划，制定系统性产业政策，设立引导资金，健全完善相应体制机制，确保中医药产业在未来重度老龄化阶段发挥中流砥柱作用。

关于中医医疗器械设备制造也是十分重要的细分产业模块，重点在于以中医思维研发健康监测、疾病识别、医疗干预的系列化产品和设备。这是一个新的领域，既有产业风险，更有产业机遇。需要强调的是，要充分运用先进科学技术，探索打通中西医鸿沟的数字化路径以及物理、化学和生物学等路径。

西医药制造和西医医疗器械设备产业

从全球范围来看，西医药、医疗器械设备等产业体系占据主流，但最大的问题在于应对疾病特别是慢性病的不足。但是，从技术上来说，西医药及其器械设备等在疾病检测、诊断和急性病应对上的优势也十分突出。对于中国来说，最重要的就是紧盯国际相关先进技术，走自主创新之路，发展中国式西医药制造产业和医疗器械设备产业，根本是去资本站位，在控制过度西医医疗的基础上，以疗效而不是以医学理论为检验指标，突出西医药和医疗器械设备的优势。同时，加快高值医疗耗材的国产化推广力度，做强做大中国品牌的医疗设备市场。

康复护理器材和辅助材料产业

这一产业的消费者不仅限于老年人和残疾人，其他人群也占有相当比例。从目前全球范围来看，日本等国在这一产业领域走在前列，不仅产品种类齐全，而且设计先进、工艺精良、营销精准，值得我们学习。中国未来几十年内或将成为康复护理器材和辅助材料产业消费大国，必须发挥主场优势，建立起相应的行业细分、上下游贯通、品种齐全、质量严格监管的独立自主的产业体系，力争在本土市场持续保持最大市场份额。目前，发达国家高端护理器材和高值康复护理耗材占据本土市场较大份额，中国自主中低端产品品种还不丰富，产品设计和制作工艺质量还有待提高，产品和企业品牌建设滞后，相应研发和投入不足，政府购买支持力度不大，这些问题都要引起高度重视。

需要强调的是，康复护理器材和辅助材料产业不仅市场容量大，而且是资本、技术密集型产业，占领技术制高点十分重要。既需要国家加大投入力度，更需要产业界加大相关技术的研发力度。因此，对于企业来说，开发康复护理器材和辅助材料产业是老龄制造产业的重要板块，需要从研发、设计、制造、品牌、营销等各个方面做好准备。

木材加工和家具制造产业

伴随老龄服务产业和老龄宜居产业的快速发展，这一产业将迎来新的发展机遇。过去，在解决"住"的问题上，木材加工和家具制造产业伴随房地产业快速发展而迎来繁荣发展的红利期。未来，房地产业将进入下行的历史新阶段，从而反向拉动木材加工和家具制造产业走入下行轨道。但是，人口老龄化特别是高龄化深度演化，老龄服务产业和老龄宜居产业蒸蒸日上，将会给木材加工和家具制造产业带来新的发展机遇。不仅发展空间受限的房地产业新建项目和发展空间巨大的二手房市场，会衍生出较大的木材加工和家具制造产业需求，居家养老、社区养老和机构养老等老龄服务需求以及老龄宜居细分产业，也会衍生出更多木材加工和家具制造产业需求。同时，伴随应对少子化战略实施，生育率的提升特别是婴幼儿照护产业的兴起，同样会给木材加工和家具制造产业带来新的机会。因此，相关企业需要瞄准新市场，研发新产品，强化品牌建设，在继续抓好传统市场的同时，做好新市场的营销业务。值得强调的是，不同于房地产市场，木材加工和家具制造产业的一个重要战略是要做好新旧家具的循环业务。因此，以旧换新以及处理好旧家具，这是一个重要营销手段。

建筑部品和设备制造产业

如前所述，适应长寿时代和老龄社会要求的不动产体系即老龄宜居产业将成就未来基建经济。其中，建筑材料产业是老龄宜居产业的上游产业，体量巨大，关系老龄宜居硬件建设、硬件功能寿命等。中国的建筑材料产业发展相对比较成熟，但高端技术，特别是绿色、低碳、环保、健康、舒适等建筑新材料技术的发展还有很大空间。目前，中国建筑材料产业正处于战略转型期，未来发展最大的机遇在于，利用新型宜居技术，发展高品质、全品种的老龄宜居材料产业。

宜居建筑部品产业也是老龄宜居产业的关键产业，无论是新建硬件设施，还是已有硬件设施的适老化改造，都需要各类品种的建筑部品。目前，适合长寿时代全生命周期要求，符合绿色发展要求的建筑部品产业尚处于起步阶段，形成完善的产业体系还有很长的路要走，发展空间很大，而且存在许多空白领域，这也是中国相关企业的战略发展方向。宜居建设机械设备产业也是一个十分重要的领域，需要大力发展。

运输设备制造产业

当前社会的交通运输体系有待针对适应老龄社会特别是中老年人口大幅增长的需要进行开发。其中，载人运输工具体系面临中老年人口增多的挑战，这些运输工具的制造产业需要从设计理念、功能设定以及辅助体系配套等多方面做出安排，提供适应中老年人增多所衍生的交通运输产品体系。其中，最突出的业务重点是个人交通工具和公共交通工具相关系列化产品的研发与制造。从老龄社会先行的国家来看，这个市场有很大发展空间，不仅品类繁多，从家用汽车到摩托车、从高尔夫球车到助行工具、从人力车到轮椅、从护理用车到急救车、从个人用车到机构用车等，不胜枚举，而且市场容量具有高成长性，值得相关产业界高度重视。

此外，老龄社会的到来将给通用设备制造产业、专用设备制造产业（如电梯产业）以及仪器仪表制造产业、智能化设施设备制造产业带来很多发展机会。总体来看，老龄社会到来不仅不会导致制造产业萎缩，相反，还会使制造产业迎来新一轮繁荣发展的大机遇。需要强调的是，老龄制造产业是老龄经济中的根基，但作为根基的基础却是新型农业、林业、牧渔、采矿等产业，这些产业的发展也应当高度关注。

老龄制造产业的未来

认清产业发展大势

当前，全球制造产业正在面临深刻调整，如何发展老龄制造产业，需要关注未来产业的发展大势。**一是关注产业需求的结构性、方**

向性变动的大势。制造产业根本是回应现实需求，获得持续发展。从工业革命起步时的纺织产业到今天信息化、数字化和智能化时代的工业、家庭智能机器人产业，我们可以清晰地看到制造产业发展的根本，即现实社会人的需求，即便是制造产业内部诸如机器零部件等间接需求，最终也是指向人的需求。这是制造产业生存发展的根本。制造产业从细分产业到整个产业体系都将面临根本转变，这是不可逆转的发展大势。未来的制造产业将伴随这一根本转变而改变发展形态和发展方式。

二是关注制造产业理念演化的大势。制造产业从遵循物质规律并按照供给者意愿和设想来制造产品，转变为遵循物质规律并按照使用者意愿和设想来制造产品。这就需要制造产业彻底转变观念，从未来人们的需求结构、需求偏好、需求特点以至需求规律出发，建构适应长寿时代和老龄社会要求的新的制造产业原则。这些制造产业原则大体上包括安全制造、健康制造、长寿制造、工艺制造、艺术审美制造、智能制造、生命意义制造等内容，但落实到制造产业各个细分产业，还需要具体问题具体把握。

三是跳出制造产业边界，关注产业融合发展的大势。进入后工业革命时代，在全球化的推动下，产业发展经历了分工细分发展后形成世界性产业体系，产业的融合发展势不可当。道理十分简单，自然、资本、人力等资源在世界性产业体系下形成新的配置格局，各细分产业相互关联度大幅提升，形成产业地球村现象。传统的第一、二、三次产业内部及其产业边界日益模糊，甚至出现产业渗透乃至改变产业内在运作机制和外在形态的新态势。本质上来看，这一新态势不只是企业家努力的结果，背后的塑造力量是消费者需求这一根本动力。产业虽然是供给方的总和，但决定供给方命运的是需求方的整合力量，这也是需求经济的魅力。在这一背景下，老龄制造产业需要基于新的产业发展态势，关注自身产业与老龄文化、老龄健康、老龄服务、老龄金融等其他产业的互动关联，努力使老龄制造产业融入整个老龄产业的大框架下，如此获得更大的发展空间。

四是在制造产业内部关注产业一体化发展的大势。在全球化产业体系效应下，从制造产业内部来看，制造产业的市场、合作伙伴、竞争对手都是全球性的，任何单一产品的制造和单一制造企业的发展都面临全球性选择。即便是同一类型产品，也可能存在全球性不同品牌的激烈竞争。在这一背景下，制造产业需要树立新的产业运作理念，从市场调查、产品研发、品牌设计、制造工艺、营销网络以及媒体利用等多方面一体化运作。因此，重塑制造产业发展格局和发展方式，走一体化发展之路，是未来老龄制造产业集团企业的必然选择，也是中小企业的努力方向。

五是以新观念应对新问题。从老龄社会先行的国家发展制造产业的经验来看，转型发展老龄制造产业势在必行。但是，挡在人们面前的最大障碍不是土地、资本、技术、人力资源等生产要素的稀缺，而是老龄制造产品观念并未转变。产业界时有抱怨，中老年人的需求难以捉摸，巨额投资常常是泥牛入海；而消费者也是因买不到合适的产品而怨声载道。产品设计和营销人员都是对中老年人生活一知半解的年轻人，消费者却是人生阅历丰富，需求"苛刻"的中老年人。因此对于整个制造产业界来说，我们必须重新认识长寿时代各个年龄群体及其需要，必须重新认识老龄社会的新要求，转变产品需求观念，顺着未来新需求摸到老龄制造产业的真实动力源泉。

提升制造强国综合实力

中国除了要为自身提供丰富产品体系，还肩负服务全球产品需求的大国责任。目前，中国已经是制造产业大国，但还不是制造产业强国。面向未来，除了强化传统产业能力，转型发展老龄制造产业还有大量的工作要做。客观来说，从全球范围来看，全球老龄制造产业才刚刚起步，目前还没有老龄制造产业单一强国。中国拥有未来老龄制造产业的最大需求市场，是老龄制造产业的最大实验场，需要从产业观念、产业政策、产业体制机制、产业组织、产业基金等多方面创造条件，在满足自身需求的同时，打造完善成熟的老龄制造产品体系，为全球提供更好、更丰富、更多元的产品体系。

实施全球化品牌营销战略

如前所述，和有天花板效应的服务经济不同，产品经济没有天花板效应，因为全球性是其本质，只要符合需求，质量上乘，价格合宜，品牌广为流传，就可以走遍天涯海角。对于老龄制造产业来说，产品的设计理念、技术构造、价格定位等的重要性毋庸置疑，但品牌建构和营销更是举足轻重。现代需求经济和传统供给经济的重大区别在于，企业既是制造商又是品牌商，供给方必须以需求方为指导，这是经济演化的必然逻辑，也是经济进步的重要象征。

如何在全球化产品体系中做好老龄制造产业产品和全球化品牌营销，是未来发展老龄制造产业的重大课题，需要政府、企业、媒体等多方面整合运作。但是，面向全国和全球实施品牌营销战略并不只是产品和企业的广告宣传，而是一个系统工程。一是政府相关部门要把老龄制造产业作为未来中国制造产业的战略方向，纳入积极应对人口老龄化国家战略，从产业观念、产业政策、产业基金、产业条件和环境、产业组织、大宗产品购买、优惠奖励和推广等方面采取系列组合拳措施，大力推动。二是国家要加大公共财政投入，开发研究相关技术，并加大科研成果转化力度。三是相关部门和企业要广泛开展消费者需求全球性、全国性、区域性市场调查研究，弄清未来老龄制造产业的需求结构、需求偏好、需求变动态势。四是切换产品设计理念，摆脱年龄和性别观念误区，强化用户仿真体验意识，吸收用户参与设计和营销过程，为未来产品产业市场提供多样化解决方案。五是充分利用新融媒体和传统媒体优势，开展市场教育、产品体验等品牌营销活动，注重售后意见反馈。六是开展品牌产品相邻领域社会服务，发挥企业服务社会的功能。七是在注重国内用户市场品牌营销的同时，实施走出去战略，面向海外潜在用户，开展产品和企业品牌推广活动。

在产品全球化现象的背景下，我们要认识到，老龄制造产业既是未来老龄经济的根基，更是未来老龄经济的产业战略。司马迁曾说："知斗则修备，时用则知物，二者形则万货之情可得而观已"。意思是，知道要打仗，就要做好战备；了解货物何时为人所需所购，才算是懂得商品货物。换言之，善于把时与用二者相对照，那么，各种货物的供需行情就能看得很清楚。放眼未来，知道未来全球长寿化和老龄化衍生的产品需要，我们才算看懂未来的中国制造产业和全球制造产业。在这一背景下，任何国家的任何制造企业都要有为全球提供丰富制造产品的宏愿，但问题在于实现这一宏愿的综合实力。

实际上，这一综合实力的提升是既有合作，也有竞争，但结果只有一个，就是生产制造的产品更符合人们的需要。伴随消费者取向的制造产业不断升级，经济也将随之升维，这是老龄制造产业未来的使命，也是改变未来产业版图的奠基之举。

第十一章
老龄金融产业

物速成则疾亡，晚就则善终。

——王昶

老龄金融产业不只是面向老年期人群提供相应金融服务，更主要是面向年轻人群提供老年期金融准备的产品和服务。同时，作为长钱金融，还为各实体经济产业提供金融服务。

老龄经济本质上是长钱经济

在自给自足的自然经济中，家庭生命事件的安排例如养儿防老既是家庭发展方式，也是家庭文化，本质上更是一种金融安排，即养儿资源和养老资源的跨时间配置。从理论上来说，只要存在经济分工和资源交换的地方，都是金融所在。换言之，经济分工和资源交换是形成社会结构的重要机制。作为经济分工和资源交换实现方式的金融，是我们理解社会形成和演化过程的重要路径，也是我们理解老龄社会的重要观察视角。

金融是老龄社会存续的重要基底。从个体来说，伴随寿命普遍大幅延长，人们需要在年轻时期创造和积累财富，并通过金融体系实现跨时间和跨空间配置，以便年老时消费使用。因此，离开金融体系的强大支撑，寿命普遍延长的人们的全生命长寿生活将难以为继。从家庭和社会代际资源交换来说，老龄社会的重要经济法则就是年轻人需要用自己的劳动为中老年人提供产品和服务，换取财富，实现家庭和社会资源、财富的代际交换和流动。其中，养老、医疗、长期照护等保障制度（制度性金融），特别是生命、健康、医疗、养老等商业性金融都是基本支撑。从社会经济发展的大盘子来说，海量老龄金融资产和实体经济的均衡发展，则是老龄社会整个宏观经济健康持续发展的重中之重。简言之，金融体系是老龄社会的基础性支撑。

老龄社会，随着人们平均预期寿命大幅延长而且还在继续延长，发展长钱经济就成为适应老龄社会要求的新的金融体系的建构方向。

从某种意义上说，依托实体经济的金融产业基本上都属于长钱经济。首先，实体经济需要投入、产出和销售等生产流转周期，这决定了实体经济具有长钱经济内生性要求。其次，在老龄社会，伴随寿命延长，人们年轻时金融资产的积累和储备本质上要求长钱配置。这两方面都要求我们重新审视老龄社会整个经济安排和金融安排，从长钱经济角度来理解老龄经济。

长钱经济的站位是大多数人及其全生命周期利益和老龄社会的经济可持续。站位个体利益的长钱经济是指个人全生命周期财富的大致均衡；站位老龄社会的长钱经济主要是指金融经济与实体经济的高度融合。从金融角度来说，长钱经济就是指融资上的长期资产形态和投资上的长期收益，老龄社会的长钱经济的最大特征是以对冲金融性系统性风险为要务。换言之，从金融角度来说，长钱经济就是长钱金融，即长钱金融资产与实体经济的融合金融。这样的金融，也就是老龄社会的金融，从产业的角度来说，也可以称为老龄金融产业。

老龄金融产业时代来临

老龄社会的金融趋势与需求

人口老龄化标志的老龄社会，给金融领域带来的变革是深刻长远的。**一是总储蓄迈入下行路线**。人口老龄化过程中年轻人口减少、老年人口增多的态势，意味着潜在储蓄人口规模的减少和消费人口规模的增加，对社会总储蓄、储蓄结构的影响十分深刻。目前，从迈入老龄社会的大多数发达国家来看，绝大多数早已迈过总储蓄峰值的历史性拐点。即便是储蓄率居高不下的国家短期内没有大的变化，但长远看，总储蓄迈入下行期的客观趋势不可逆转。这是未来金融发展乃至老龄经济的一个常态化的特征。

二是长钱资产规模将大幅增长。目前，总体看，全球就业准备期已经基本稳定，但老年期还在不断延长，超过就业准备期的老年期是所有人的期盼，而且未来科技也能够支撑变为现实。老年期超过就业准备期，这是人们追求幸福的逻辑，也是推动金融转型发展的直接动力。寿命普遍大幅延长将倒逼人们做出全生命周期金融资产管理安排，短期、中期和长期资产配置将发生结构性变化。从本质上来说，寿命的延长是作为金融生命线的金融资产期限的重大变化，对整个金融产业乃至整个经济结构、发展方式的影响都是本质的。在这一重大变化过程中，长钱金融面临巨大发展机遇。在这一背景下，我认为，以存贷差为主要业务的传统银行金融将不断收缩，其他围绕长钱金融的非银行金融业务将迎来不可多得的发展机遇。简言之，长钱金融的刚性和规模将不断成长，这是未来金融产业一个突出的客观趋势。

三是融资模式需要创新。如何把未来潜在增长的长钱金融需求变现，既需要实体经济的持续增长和人们当期收入的普遍提升，也需要人们转变金融观念和金融行为，更需要整个金融体系的创新。这就需要金融产业界认清大势，为人们全生命周期健康长寿生活提供金融支撑，在长钱金融资产的融资模式上推陈出新，发展新的金融业态。

四是投资方向需要回应新增中老年人口的消费需求。金融不仅要向内融资，更要向外投资。融资是前提，投资是核心。老龄社会新的结构性需求，特别是拥有财富的中老年人口的物质需求、服务需求、精神需求和媒介需求越来越多，且具有强劲的高成长性。这是今后长钱金融投资的重要主攻方向。需要强调的是，面向新生需求的投资和供给存在较大风险。但是，从长远来说，这是未来金融产业发展的必争之地，金融竞争一定要重点关注赛道之争。

五是投融资方式以及金融基础设施需要融入信息化、数字化和智能化。从实体内容来说，金融现代化的重要方向是适应老龄社会的需要，发展长钱金融。但从方法途径来说，金融现代化还需要融入信息化、数字化和智能化发展潮流。不过，对于金融产业来说，金融现代化的根本是坚持人本金融，把人口老龄化和信息化、数字化、智能化结合起来，真正站位全体社会成员，从全生命周期健康长寿生活建构上，通盘考量投融资方式以及金融产品和金融服务的供给，使之符合各年龄人群的需要，防止"数字年龄鸿沟"和"数字年龄歧视"。这是未来金融产业发展要迈过的技术门槛。

六是金融产品需要全面创新。长远看，未来适应人们全生命周期健康长寿生活需要，适应老龄社会长远安排的金融产品体系需要进行针对性创新。我们正处于老龄社会初期阶段，在发展长钱金融并进行金融产品创新时，需要把战略眼光和当前客户的接受能力结合起来，全面加强老龄社会通识教育和长钱金融教育，真正打造出既有顶层引领，又有中层谋划，还有落地可操作性的长钱金融产品为核心的金融产品体系。更加重要的是，老龄社会的金融需要跳出金融圈，充分考量金融与实体经济的关联，以及金融产品与其他实体经济各业态的融合发展趋势，创新设计混合金融产品，这是未来金融产品设计的主要路线。

七是金融服务需要适应老龄社会各主体的需要。金融服务涉及服务主体、服务客体、服务基础设施（如服务网络等）、服务技术、服务模式等。老龄社会，伴随寿命大幅延长产生的长钱金融刚性需求快速成长，大众金融理念将深入人心，全社会各主体深度介入并参与金融产业将成为趋势。在这种情况下，需要跳出金融圈，坚持人本金融观念，在金融服务的理念、模式、营销路线以及服务体系上改革创新，为人们提供完善的多元化、多场景、多关联的金融服务。需要指出的是，金融服务可以解决许多其他社会问题的功能尚待充分发挥，例如承担过去企业办社会的职能，可以依托金融服务并混合其他服务产业发展起来。这是今后金融服务特别是长钱金融服务发展的一个重要主攻方向。此外，发展金融服务还需要落地研究老龄社会每一类社会群体的金融消费偏好，并据此开展有针对性的服务。这也是以往金融服务的一个短板。

　　八是金融市场教育需要多层次化。从长远来说，从基础设施到技术体系，从服务网络和平台到监管体系，从体制机制到相关金融制度法律，这些都可以通过一段历史时期的努力实现相应目标，但当前的重点是向适应老龄社会要求的长钱金融观念、慢钱金融观念和激发人性深层的金融投资观念的转变。从这个意义上说，建构新型金融体系的最大的挑战，是创造性开展适应老龄社会需要的金融教育。首先需要金融体系内部所有主体转变观念；其次需要面向全社会开展相应教育；再次需要面向各类社会组织（从政府到企业再到社会团体直至千家万户）开展相应教育；最后需要面向整个经济产业界重点开展长钱金融市场教育。

　　整体上看，老龄社会带来的金融需求是巨大的，成长空间也是巨大的，这是未来改变中国经济产业业态最大、最持久、最广泛的力量，也是未来重塑全球经济格局的重大力量，我们应对这一具有历史性意义的重大趋势高度关注，并采取战略性安排和行动。

建构老龄金融产业是大势所趋

近些年来，"养老金融"成为热词。从某种意义上说，这是金融学术领域对老龄社会到来的某种回应。但是，我认为从老龄社会的全局和长远发展来说，"养老金融"的概念还存在诸多问题，需要进一步从理论上厘清。这也侧面反映出，我们从金融视角把握老龄社会还存在一些基本观念、理论框架和话语体系上的误区。很多人认为"养老金融"这一概念隐含的逻辑在于把老龄社会等于老年人社会。按照这个逻辑，从金融产业端解决老龄社会的问题就等同于解决老年人的养老问题，或者等同于年轻时做好老年期的金融准备问题和老年期做好相应金融资产的保值增值问题。

老龄社会需要相匹配的金融体系，从中观产业角度来说，就是需要建构相匹配的老龄金融产业。如前所述，金融本质上是一种工具技术体系，主要有两种使用方式：一个是站位资本或少数人，主要意图是利用人性的投机偏好，达到少数人发财致富并造成贫富差距的经济后果，金融危机不可避免，这是资本主义金融的体现；另一个是站位大多数人，主要意图是激发人性的投资潜能，达到共同富裕并不断消解贫富差距问题的经济目标，金融危机风险可控，这是社会主义金融的体现。从这个意义上说，中国建构适应老龄社会的金融体系的根本要求，是需要表明中国使用金融工具技术体系的社会主义性。

从这个基本界定来看，中国未来老龄金融包括三个层次：第一层次是宏观上的金融体系，即适应老龄社会要求的金融体系，包括金融理念、金融制度体系、金融法律体系、金融基础设施和网络体系、金融技术体系、金融监管体系等；第二层次是中观上的适应老龄社会要求的金融各产业，包括银行产业、证券产业、保险产业、基金产业、信托产业等；第三层次是微观上适应老龄社会要求的金融投融资供需双方，即金融投融资需方各主体和金融投融资供方各主体。

老龄社会的投融资方式还要体现以下方面的要求。一是适应老龄社会新需求。主要是直接和间接两个层面。直接层面的新需求是指基于新的人口年龄结构的需求及其结构、偏好和特征。间接需求是指供给方之间的新需求。间接需求是由直接需求决定的，直接需求变了，间接需求及其结构也将随之改变。这就需要全面研究老龄社会的经济需求清单，并基于此提供金融产品和金融服务。二是打造有利于老龄社会实体经济发展的新金融。通过为实体经济提供资源的跨时空配置，实现金融的投资功能，促进实体经济发展。老龄社会需要实体经济的支撑，但老龄社会的实体经济需求结构类型不同，需求内容、需求方式也不同。这就需要金融产业界全面研究老龄社会实体经济的新特征、新趋势、新方式，并基于此构建相匹配的金融体系。三是打造有利于人口年龄结构优化的新金融。金融本身是工具技术体系，但以大多数人为站位使用，就可以解决许多重大问题。老龄社会的一个重大风险就是人口过度老龄化，即少子化导致的"低生育陷阱"。如何解决这一问题，需要采取各种综合措施。其中，使用社会主义金融工具技术体系十分重要，而且这也是金融工具技术体系在老龄社会的一个新使命，旨在实现共同富裕，降低生育成本，实现人口年龄结构老龄化可控的目标。四是实现人们全生命周期资源跨期均衡配置。这是金融的基本作用，也是维系老龄社会繁荣稳定的基本保障。五是建构代际资源配置均衡机制。老龄社会从某种意义上说就是老少共生的社会，只有家庭和社会代际关系在资源配置上大致均衡，老龄社会才能行稳致远。发达国家之所以持续面临社会和政治稳定风险，一个重要原因就是人口老龄化加剧代际利益格局的配置不公，这是资本主义发达国家诸多社会矛盾的重要根源。降低老年人的退休金待遇，可以减轻年轻人的税收，但不利于老年人；提高税收水平，提高老年人的退休待遇，年轻人又多了负担。这是应对老龄社会挑战的一个教训。为此，就需要在老龄金融体系建设上坚守年龄平等的基本原则，防止这一被动局面的出现。

综上，我们需要从老龄社会的新需求结构出发，构建符合长寿时代要求的老龄金融体系，这也是未来老龄社会金融产业发展的趋势。

老龄金融产业的定位、 潜力和走向

老龄金融产业的定位

老龄社会发展金融经济和金融产业，也就是发展老龄金融产业，需要首先明确其定位。

第一，老龄金融产业的性质。中国建设老龄金融产业必须在站位大多数人利益的社会主义经济框架下发展相应金融工具技术体系。同时，老龄金融产业的各个环节都要融合实体经济的发展，做到金融与实体融合发展。

第二，老龄金融产业的内容。一是解决全生命周期制度性金融资产池及其投融资方式问题，包括两个方面：一方面是覆盖全生命周期制度性金融融资问题，涵盖应对生育、就业、工伤、退休、疾病、失能风险等社会保险的融资问题；另一方面是上述六类社会保险资金的资产管理问题，即支付和投资。更重要的是，从长远来说，要根据未来人口老龄化特别是高龄化趋势要求，对六类金融资产池从投融资结合上解决其财务可持续问题，即保持制度性金融资产池的持续稳健发展。二是解决全生命周期市场化金融资产池及其投融资方式问题，包括两个方面：一方面是覆盖全生命周期市场化融资问题，涵盖应对退休、疾病、失能和意外风险等的金融资产融资问题，如商业保险、基金、信托等；另一方面是相关资产管理问题，即支付和投资。从长远来说，还要根据未来人口老龄化特别是高龄化趋势要求，对以上市场化金融资产池从投融资结合上解决其持续稳健发展问题。三是解决老龄社会各细分产业的资产池及其投融资方式问题。许多传统的和新生的金融产业，诸如健康金融、教育金融、文化金融、制造业金融、互联网金融、智慧金融、医疗金融等，都需要重新考量长远发展之道，并重新探索投融资新模式。

第三，老龄金融产业的投融资方式。 从技术上来说，投融资是可以分离的。但是，发展老龄金融产业的投融资方式长远看应当是融合的，即在紧密结合实体经济方面必须考量融合发展模式。更重要的是，既要紧密结合传统实体经济，更要结合老龄社会到来引发的新实体经济，考量老龄金融的投融资方式。其中，需要重新考量老龄社会给银行、证券、保险、基金和信托等金融细分行业带来的挑战和机遇，并跳出金融圈子，从金融与实体经济的共生关系中找到老龄金融这种长钱金融的发展空间。

中国老龄金融产业的发展潜力

中国应对老龄社会、发展老龄金融产业的空间巨大，主要体现在以下几个方面。第一，中国人口基数也就是潜在金融客户数量，全球领先。即便在人口快速老龄化的情况下，从2020年到2050年，中国30~59岁潜在长钱金融客户规模也将维持在5.03亿~6.67亿。同时，60岁以上老年人口作为消费人口，其规模在2020年到2050年将大幅增长，从 2.5 亿人将增长到约 5 亿人。伴随收入水平提高，庞大老年人口的消费潜力将成为未来中国经济发展的巨大动力。第二，中国发展长钱金融的空间巨大。一方面，据预测，中国中等收入人群将从目前的 4 亿人进一步增长到 2035 年的 6 亿人，2050 年还要大幅提升。另一方面，2020 年年底，中国境内住户存款 93.43 万亿元，其中绝大多数为短期理财，发展长钱金融的空间很大。当然，充分提升人们的长钱金融意识至为重要。第三，中国实体经济的底盘日益雄厚。2020 年，GDP 突破 100 万亿美元，人均 GDP 达到 1.11 万美元，预计 2035 年达到 2.3 万美元。这表明，未来中国实体经济的发展机遇巨大，这是发展老龄金融产业的基底。第四，中国金融基础设施和技术将进一步完善。伴随互联网的快速发展，中国适应信息化、数字化和智能化要求，采取新基建、数字货币等重大举措，未来发展老龄金融的平台和技术综合能力将会得到大幅提升。第五，中国应对国际金融风险能力不断加强，经受住了 2008 年 "金融海啸" 的冲击，并摸索出了抗击新冠肺炎疫情的中国模式。第六，中国的金融体系站位大多数人利益，发展人民金融，融合实体经济发展金融，这是中国发展老龄金融产业的最大优势。

老龄金融产业的重点领域

金融产业作为工具技术体系一直处在创新和快速发展中，伴随信息化、数字化和智能化特别是金融科技的推进，当代金融产业呈现出许多新的发展态势，并正在重塑传统银行、证券、保险、基金、信托等产业模式。但是，金融产业作为工具技术体系或者媒介经济，必须融入现实和未来需求，否则，必然会因为远离实践需求而陷入内卷化陷阱。面向未来，我们可以清晰地看到，金融产业在适应长寿时代和老龄社会所带来的需求结构性变动趋势，在扬弃传统金融观念、金融机制、金融模式一些不足的基础上，要着力发展老龄金融产业，建构适应老龄社会要求的长钱、慢钱金融体系，为长寿人提供多元化、多层次、可持续的金融保障。同时，更重要的是，老龄金融产业要跳出金融圈，融合老龄社会实体经济产业需求，特别是融合人们全生命周期健康长寿生活衍生出来的物质、服务和精神需求，创新金融理念，探索金融模式，走大混业发展之路。

作为长钱金融的老龄金融是今后经济持续发展的长期资本池，是我们应对老龄社会的重要基石。运用老龄金融可以投资新材料、新能源、云集算、高新技术等战略新兴产业，以及新基建等国家基础建设产业。下面从投融资融合视角，来讨论老龄社会新需求衍生的老龄金融产业细分领域。

融资及其模式

伴随经济社会发展过程中人们收入水平不断提高，人口老龄化的深度演进，特别是人们老龄金融意识的快速提升以及老龄金融市场教育的普及，从融资来说，未来老龄金融产业发展的关键不在于金融产品和服务的营销及其网络化、体系化，而在于产品的市场需求融合度。简言之，不在于人们要不要买金融产品，而在于有什么样的金融产品。换言之，投资决定融资，老龄金融产品的销售取决于未来的投资回报。有好的回报必然是赢得融资胜局的关键。不过，我们首先需要讨论老龄金融产业的产业模式。社会保险等老龄金融属于强制性制度安排，不在我们的讨论范围之内。这里主要探讨银行、证券、保险、基金、信托等金融产业应对老龄社会新生需求的模式创新问题。

银行产业是未来发展老龄金融业务的领军产业。首先，储蓄仍然是人们日常生活的金融必需品，还将持续拥有一定发展空间，但它不属于典型的老龄金融业务。不过，从融资的角度来看，未来银行业务的新空间虽然会出现新的业务端口，如老龄产业企业存款业务（连锁化老龄服务机构、老龄用品产业集团等新型老龄经济组织带来大量业务），但新的最大空间在于面向年轻金融人口（特别是 40~59 岁人口）开展混业模式的老龄金融融资业务，这是确保未来银行产业获得持续增长的核心业务，也是推动银行产业向长钱金融转变，并成长为未来老龄金融产业的领军产业。实现这一目标，银行产业虽然拥有其他产业所具备的、完善的基础设施和服务网络等优势，但也面临金融脱媒、互联网金融、数字货币等诸多挑战，其中最大的挑战则是从储蓄银行定位向投资银行定位的战略性转型。从投资决定融资的角度来说，银行产业面临从根本上转型的问题，需要从观念、定位、战略性混业金融模式设计、投资业务特别是实体经济产业的投资业务开拓、顶层人才队伍建设，以及依托现有基础设施体系构建全媒体线上线下营销服务战略平台，特别是社区金融场景体系化建构及其信息化、数字化和智能化等方面进行改革创新。当然，如果考虑国外银行的介入，银行产业内部竞争也将更为激烈，在混业经营模式的大趋势下，银行产业与非银行产业之间的竞争同样日益激烈。但是，混业经营模式的一个重要作用在于促进产业融合，有利于形成产业合作的巨大空间。如果跳出金融圈和银行圈，金融产业与实体经济产业联动发展，发掘老龄金融市场潜力，不仅有利于实现社会主义金融市场的充分竞争，更有利于创造多业态合作融合发展的巨大空间。这也正是社会主义市场经济的魅力所在。只有实现社会主义金融的充分竞争和充分合作，才能为人们创造出更多元化的金融产品和良好的金融服务。总之，老龄金融产业市场是长寿时代和老龄社会银行产业振兴的新一轮重大机遇，需要抓紧迎头赶上。

对于中国来说，银行业要关注的不仅仅是规模庞大的老年人口带来的新金融问题，而是从根本上关切主体结构老龄化带来的社会形态的根本转型所引发的金融体系的转型发展问题，从中观上关注金融产业这种媒介经济面临的新挑战、新危机，以及对于形成老龄经济细分产业的重大塑造作用，适时出台相关系统性政策，引导并带动老龄经济供给需求新格局的形成。关键还在于监测不断膨胀的海量老龄金融资产与实体经济产业的联动发展，防范老龄社会系统性金融风险。政策性银行对于发展老龄金融产业举足轻重，应着力引导新生老龄产业中的实体经济，未来转向老龄经济体系转变的过程中，政策性银行的支撑作用至为重要。商业银行是开发老龄金融产业的主体，地方性银行的在地优势不可多得，融入实体经济拥有诸多落地优势。总之，未来银行产业发展老龄金融产业虽然面临前所未有的挑战，特别是面临非银行金融机构的崛起压力与日俱增，但因势利导，采取战略性举措，前景可期。

保险产业是未来老龄金融产业的中流砥柱。伴随长寿时代和老龄社会的到来，财产保险产业的空间不断扩大，但存在一个发展峰值期，峰值期过后，即便财产保险体量巨大，增长态势受到的约束也会越来越大。但是，人身保险产业将迎来史无前例的发展态势，不仅寿命不断延长会产生更大客观需求，更重要的是伴随老龄社会深度推进，人身保险产业将实现从买方市场向卖方市场的历史性转变，从而引发保险产业内部的竞争更趋激烈，而制胜关键在于保险如何融入实体经济以及与其他细分金融行业的战略合作能力。

证券产业是老龄金融产业投资功能强大的重要产业。未来可以预见，不仅社会保险资产池越来越大，更重要的是面向长寿生活需要的商业性长钱资产将出现增长态势。如何在长钱资产池和实体经济产业之间建立良好的融合通道，投资功能强大的证券产业的作用将与日俱增，但面临的问题是证券市场的快速发育成熟问题。如果证券产业市场成长步伐跑不过老龄金融即长钱资产池的成长步伐，证券产业将会给其他金融产业带来更多发展机遇。从整个老龄金融产业乃至整个老龄经济全局来说，这种局面是一个提醒。否则，长钱资产池就有可能在发展活力上受限。

基金产业和信托产业同样也各有优势，是未来老龄金融产业中具有高成长性的两个产业板块。基金产业是运作长钱资产的优势产业，而信托产业含有符合长寿时代和老龄社会独特要求的特征，其作用不可替代。但从现实来看，这两个产业面临的主要问题是市场教育有待进一步加强，社会认知度也需要广泛提高。不过，未来的发展空间取决于在充分竞争和充分合作条件下赢得市场的战略战术，特别是伴随信息化、数字化和智能化的快速推进，这两个产业板块因其独特优势不仅会迎来大发展、大繁荣的机遇，更重要的是，它们是未来老龄金融产业多样性、多元化格局的重要支撑。

整体来看，从金融产业来说，实施积极应对人口老龄化国家战略的重要主攻方向，就是实施老龄金融产业国家战略，在金融产业政策平衡稳定且主攻方向转向发展老龄金融这一态势下，未来金融产业的格局取决于两点：一是金融细分产业本身的先天职能边界；二是相关金融企业融合发展的综合实力（融合实体经济产业和加强与其他金融细分产业的合作）。前者决定发展方式，后者决定发展规模，但关键在于结合这两个方面打造核心竞争力。

金融 + 新农林牧渔业

老龄金融产业是金融紧密融合实体经济的广义金融。金融应当回归服务实体经济的本位，二者应当合二为一。农林牧渔产业也不仅仅是实体经济，它们应当是老龄金融这种长钱金融的天地。

首先，乡村振兴战略是实施老龄金融产业普惠战略的重大机遇。

以往农林牧渔产业发展的核心是解决生产能力和农林牧渔产业从业者的收入问题，但由于采取粗放经营方式，也带来环境污染、产品质量存在健康风险，以及产业发展面临可持续风险等问题。长寿时代和老龄社会到来，要求农林牧渔产业必须走高效率、高质量的绿色发展道路，这不仅有利于巩固和发展国家的基础产业地位，而且确保长寿时代和老龄社会人们过上全生命周期健康长寿生活，同时，这也是实施积极应对人口老龄化国家战略的根本。在这一背景下，未来长钱资产池的老龄金融产业将迎来重大发展机遇，而发展新农林牧渔产业将成为老龄金融投资的重要方向。

其次，新农林牧渔产业各细分产业富含巨大投资潜力。伴随人们健康长寿意识和收入水平的提高，新农林牧渔产业产品体系的开发建设将成为未来投资者持续追逐的广阔领域。虽然新农林牧渔产业也存在诸多风险，但这些风险的持续存在也是金融产业的价值所在。保险产业等金融产业正是从多风险的海事需求中产生的。同时，按照建立产品质量可追溯体系要求建构新农林牧渔产业，唯有拥有长钱资源的金融机构才能做到。此外，新农林牧渔产业的物流服务体系建设也是重要开发领域。至于新农林牧渔技术、附属细分产业，也包含诸多投资机遇。总之，乡村振兴战略的实施，将使传统农林牧渔产业重新洗牌和重新建构，中间留给金融机构的发展空间不可估量。当然，现有扎根农村的金融机构以及实体经济机构必然面临充分竞争的格局，但由于自身长期深耕农林牧渔产业而拥有合作资本，未来的前景既取决于竞争，但竞争基础上的合作才是出路，也是每一个长寿人的希望。

再次，新农林牧渔产业人口是未来老龄金融的重要潜在融资客户。金融机构是战略性机构。一方面，金融机构既要关注实施老龄金融普惠战略，支撑新农林牧渔产业振兴发展。另一方面，也要从战略上考量新农林牧渔人口的老龄金融融资问题，为他们打造各类金融产品，发展相关服务。否则，这些人口的老龄金融问题不解决，他们的老年期生活将会失去保障。从某种意义上说，实施老龄金融"上山下乡"战略的重要任务之一，就是把城里的长钱用来投资新农林牧渔产业。同时，日益成长的新农林牧渔产业也会为长钱金融的融资提供条件。当前，农林牧渔产业人口收入不高，针对他们开发老龄金融融资潜力有限，必须走迂回路线，即用城里的长钱支撑新农林牧渔产业发展，进而解决农林牧渔产业人口的老年期金融准备问题。这是一项关系重大的系统性金融工程。

最后，融合发展老龄经济是金融机构的新选择。老龄经济诸多细分领域如健康、文化、旅游、制造、宜居、服务等与新农林牧渔产业有着千丝万缕的联系。如何通过长钱金融的资源配置优势，走老龄经济与新农林木渔产业融合发展之路，这是未来多产业融合发展的新态势、新方向。目前的相关探索刚刚开始，发展遇阻是不可避免的，但未来的发展空间和发展前景更值得各类金融机构高度关注。需要指出的是，未来金融创新的空间不在金融产业之内，而在老龄社会金融产业与实体经济之间。过去我们曾经探索过农业合作化问题，现在看来这是必然选择，未来前景值得深究。还有诸如相互保险、金融租赁、长线农业等产业模式，金融机构特别是银行、保险、信托、基金等将大有可为。

金融+制造产业

中国是制造产业大国，但还不是制造产业强国，除了技术瓶颈，也缺乏强大的长钱金融支撑。中小企业贷款难的一个重要原因是，企业长钱金融需求对应大量的短期贷款，长钱金融产品供给严重不足。着眼未来，既要加大老龄金融产品开发力度，更重要的是创新长钱金融支撑制造产业的政策和模式，并实施"老龄金融支持中国制造国家工程"。其中，政策性银行要加大关系制造产业的基础理论和应用技术研发投入，并扶持低利润但必要的制造产业（利润不高但老百姓又离不开的产品）。商业性银行以及其他金融机构开展"金融＋制造产业"项目要实行政策性鼓励措施，如加大政府购买力度，减免税收等。同时，对于长钱金融资产要加大监管力度。总之，"金融＋制造产业"是未来双面利好的发展方式，既有利于实体经济持续发展，又有利于金融产业稳健发展，在宏观调控上有利于实体经济与金融产业的均衡发展。当务之急就是，在储蓄率居高不下的困境下，建立"金融＋制造产业"发展模式的社会预期和市场预期，引导人们积极参与老龄金融产业，购买老龄金融产品和服务。唯此，巨大的金融资产池才能逐步转型为长钱金融资产池。

金融＋宜居产业

我国的不动产体系如何适应老龄社会要求进行二次改造性建设，这是老龄宜居产业未来要解决的核心问题。毋庸置疑，新建不动产都要按照老龄社会的年龄友好型建设标准来建设，最大限度地避免未来二次改建的代价。现在最大的问题是，已经建成的不动产体系从硬件到服务等方方面面，都面临二次改造性建设问题。其中，最大的挑战不是建筑施工技术问题，而是二次改造性建设中的融资问题和投资问题，即建设需要融资，但融资的背后却是投资回报问题。这里，就需要跳出金融和建筑技术的视野，从居住者的综合服务需求出发，以社区不动产体系二次改造性建设为载体，利用金融工具（如老龄金融产品和服务）配置资源的优势，建构满足社区居住者综合性服务需求的一体化解决方案。例如，把提升物业服务形态、加装电梯、开发老龄金融产品和服务、提供其他综合性社区服务结合起来，融资和投资问题都可以得到解决。更重要的是，这不仅有利于发展老龄宜居产业，而且有利于把社区服务提升到一个新的层次。总之，金融＋老龄宜居产业这一新的业态包含诸多发展机遇，值得挖掘。

金融＋健康产业

在长寿时代，健康行为是关系每一个人全生命周期健康水平的长期行为。健康行为的最大难点在于长期惰性克服机制的建构。同时，健康行为的关键是每一个人的终生主动健康意识和主动行为。金融机制会成为最好的有效机制。一方面，从融资角度来说，通过关联终身健康可以开发诸多金融产品和服务，从而建立规模庞大的长钱资本池。另一方面，从投资角度来说，投资健康，开发健康产业，建立完善的健康产品和服务体系，可以赢得长期回报。更重要的是，通过细分行业健康金融（如健康保险），可以对每一个人的健康行为进行检测、干预和奖惩，从而实现有效健康治理。这就需要跳出健康和金融的视野，把健康行为、金融产业、健康产品和服务连接起来，利用信息化、数字化和智能化技术，实现多产业融合发展，从而既有利于老龄金融产业发展，又有利于老龄社会相关健康挑战的成功应对，还有利于发展相关制造产业和服务产业，从而做实、做强、做大实体经济，繁荣物质经济和服务经济。从整体来看，社会健康水平的提高在于健康治理体系的完善，但从实际出发，紧紧盯住每一个人，通过老龄金融和健康产业以及相邻产业的融合发展，这才是"主动健康观"能够落地的保障。总之，健康治理体系仅仅是手段、载体、工具或者条件和环境，而要使每一个人都能做到健康行为上的主动，才是今后健康金融这一新型产业的出发点和落脚点，更是赢得市场的战略方向。

金融 + 医疗产业

以治疗急性病为主的西方现代医疗体系，在应对长寿时代的慢性病上存在诸多问题，需要发挥中医理论和技术的优势。但是，金融产业支持中医产业发展存在市场化风险，这是今后中国医疗产业发展的重大课题。首先，在应对人口老龄化问题上，如前所述，走站位资本的现代西医医疗产业的发展道路行不通。其次，在攻克急性病以及癌症等重大疾病的基础理论和药品、医疗技术上，我们仍然需要加大国家投入，走自主创新发展之路。再次，站位多数人利益，充分利用老龄金融作为长钱金融的优势作用，创新混合所有制和发展模式，实施"老龄金融支持中医药产业发展国家工程"，从中长期目标、重点任务、金融政策、政府购买、发展基金等方面做出全面安排。从投资的角度来说，投资中医药产业是未来老龄金融的一个重要主攻方向，需要政府主导，从金融和中医药产业融合发展的角度，提出系列化、体系化的政策举措。结合历史教训，解决现代西医过度市场化问题和中医发展滞后问题的根本举措，就是坚守社会主义市场经济，走中西医平等竞争发展之路。唯此，诸多医疗产业困境可以得到解决，当然，实现中西医平等竞争发展还需要多措并举，但用好老龄金融这一长钱资本池是重中之重。这就需要中医产业界和老龄金融产业界密切合作，创新老龄金融支持中医产业发展的新路径。

金融 + 老龄服务产业

老龄服务产业不仅仅局限于养老院、护理院，而是面向居住在社区的所有人群提供全生命周期因增龄而产生的阶段性和连续性服务，重点是"一老一小"，但青中壮年人的生活和生命服务也并不是无足轻重。换言之，青中壮年人群既是老龄服务产业的桥梁甚至主体

（如他们是婴幼儿相关服务的决策者），也有自己的服务需求，特别是中壮年人的抗衰老等需求。本书之所以强调老龄服务而不是"养老服务""老年服务""为老服务"，主要是提醒老龄经济产业界，虽然服务产业内部有界分、外部有职能边界，但从老龄社会全局特别是人们的结构性需求来说，婴幼儿、青少年、中壮年和老年人的生活和生命服务在需求上是各不相同的，但在消费决策、消费模式等方面，他们的意愿、意识、能力等是高度关联的。我们不可能迈过父母仅仅关注为婴幼儿提供服务，同样，也不可能迈过子女悄悄和老年人做"交易"，唯有把握前述"多主体决策机制"，我们才能了解老龄服务产业的真相，也才能把老龄服务产业做强并发展壮大。目前，老龄服务产业之所以面临诸多问题，恐怕最关键的问题之一就是这些有关服务的有效需求问题。另一个问题是金融产业对老龄服务产业的支持不足，换句话说，就是金融产业融合老龄服务产业不到位。目前，一些金融机构（如银行、保险、基金、信托机构）在融合发展老龄服务产业上已经做出新的探索，但问题在于很难做到老龄金融产业和老龄服务产业均衡协调发展，甚至存在仅以老龄服务产业为概念的现象，老龄金融产业发展强劲，但老龄服务产业发展滞后，这是需要重点关注的。从长远来看，老龄金融和老龄服务是两个高度关联的孪生产业，既可以相互促进又可以互惠补充。这是未来老龄产业的发展方向。其实，道理十分简单，如前所述，企事业单位不能办社会，但金融机构完全可以把"办社会"的职能捡起来，扎根社区，把金融服务和老龄服务整合起来，建构综合性服务体系，这是未来老龄金融产业赢得胜局的根本，也是未来老龄服务产业获得长期资本池支撑的关键。因此，我们需要解放思想，站位居住在社区的消费者的多元化相关性实际需求，结合老龄金融产品和服务开发，以"一老一小"为重点，提供综合性、一体化、多选择的整体解决方案，重新谋划老龄金融产业和老龄服务产业的融合发展道路。

金融 + 文化产业

现在，国内外经济产业界都在思考一个战略性市场话题：中国是未来相当长历史时期的巨大市场，伴随日益长寿的中国人吃住行等问题解决之后，将来需要什么？许多人把视角放在了健康产业，这无疑是正确的，还有一些人前瞻性地把眼光聚焦在了文化产业。许多人可能会问，文化产业的盈利模式是什么？如果运用老龄金融这种长钱思维考虑问题，那么就会有以下疑问：应当投资什么样的文化？如何投资？这里所说的文化，是前述适应老龄社会要求的顶层经济，即老龄文化产业，除了狭义文化产品和服务，老龄文化还关联并引领着老龄健康、老龄制造、老龄宜居和老龄金融等产业。我们需要跳出老龄金融和老龄文化两个产业的视野，从长寿时代和老龄社会的全局出发，从人们全生命历程角度出发，重新思考老龄金融与老龄文化产业的关联关系。从某种意义上说，老年期的人更多追求价值与生命的意义，这个阶段人的文化性需求更大。这是我们融合发展老龄金融产业和老龄文化产业乃至老龄经济的一个重要产业逻辑。老龄经济这种长钱经济才能真正发挥投融资的最大效应。

我们要看到，当物质生活富足之后，人们的精神生活需求及其相关问题将会日益凸显。近两百多年以来，伴随疾病谱由急性病向慢性病转变，精神疾病发病率也呈现快速攀升趋势。以往仅仅关注物质生活的物本经济忽视了人们的精神生活，精神经济应当提上重要议事日程，这是未来经济的新方向。因此，我们需要重新认真考量：未来精神经济需求是什么？老龄金融产业如何组织供给？这也应当是老龄金融产业关注的重大战略性顶层经济问题。

在老龄社会，老龄金融产业可以开发的空间巨大，除了以上领域，还有信息化、数字化和智能化以及金融科技等诸多领域。不过，这些领域需要结合人们的具体需求，找到投融资的发展空间。老龄经济要开创需求经济的新格局，离不开信息化、数字化和智能化以及金融科技等经济工具、经济载体和经济媒介。

老龄金融产业的未来

重构金融体系

着眼长远，我们要做的事情本质上是一项巨大的长期系统工程。**一是树立全新金融理念**。全社会要树立长期主义为主导的长钱金融理念，以适应人们健康长寿生活的长期需要。政府、金融机构特别是大众传媒，要广泛开展金融市场教育，在普遍提升全民金融意识的同时，重点植入长钱、慢钱为中心的老龄金融新理念。要更新"养老金融"理念，重点培育个人全生命周期资源配置、家庭和社会代际资源配置的先进金融理念，实现金融资源配置促进年龄平等、年龄友好和生育友好型老龄社会和谐发展的目标。要重点培育老龄金融和实体经济均衡发展的长期投融资理念，坚守长钱战略经营理念，打造长寿企业。

二是打造最大长钱资产池。金融的效能显现于资源的长期配置。跨期越长，金融的效能越突显，这是金融这一技术工具体系的战略性效能，但前提在于长钱资产池的规模、结构和期限安排。换言之，金融是对资源的期限管理。年轻时期尽早做老年期金融准备，尽量拉长资源配置的期限，是充分利用金融机制的基本要求，也是老龄社会认识和把握金融产业的基本点。放眼未来，与老龄社会相匹配的是老龄经济，老龄经济从金融配置看，其本质是长钱、慢钱金融。从人口、经济等要素看，中国具有打造世界上最大长钱资产池的潜力，但要使之变现也绝非易事。从融资的角度看，发展老龄金融产业最大的风险是错过时机，即在人们年轻时积累长钱金融资产。如果错过，对个人来说，损失不可弥补，对社会来说有可能埋下老年期综合性隐患。一旦遭遇高龄化和经济波动叠加影响，后果不堪想象。对于中国来说，现在是积累老龄金融资产的关键时期，一旦生育高峰的"60后""70后""80后"迈入老年期特别是进入高龄期，如果没有丰厚的老龄金融资产支撑，或者如果错过期限较长的年轻期的积累，造成规模庞大人口老龄金融资源配置期限严重缩短，那么，其后果将不仅仅是金融和经济风险。因此，我们需要全面实施积极应对人口老龄化国家金融战略，金融各细分产业要抓住机遇，打造老龄金融资产池，最重要的，要对长钱资产或者老龄金融资产进行老年期锁定，同时，金融产品和金融服务及其创新模式要赢得人们的长期信用预期。

三是全力提高当期收入。根本举措有两条：一是实施"藏富于民"的总经济政策，大幅提升中产阶层规模，使更多人的当前收入快速提升；二是进行新一轮全面深化改革，使住房、教育、看病、养老消费水平回归社会主义市场经济轨道，强力干预过度竞争和过度市场化现象，使人们的当前收入有未来化的空间。这是最难的问题，也是当务之急。巨大的老龄金融资产池潜力需要变现，未来宏观经济保持长期可持续竞争力也需要长钱金融支撑。从某种意义上说，住房抵押贷款模式在解决住房问题上发挥了重要作用，但这种金融安排也给一部分人带来了问题，如降低了当前生活质量，挤掉了老龄金融产业的发展空间，导致人们对未来老年期生活产生不良社会预期。

四是创新金融发展模式。现有金融细分行业及其运作模式乃至整个社会保障运作体系和模式，能否长久适应老龄社会的要求，至少从欧洲、美国和日本的运作情况看，问题堆积如山，风险层出不穷。尤其在老龄金融产业最发达、长钱资产规模庞大的美国，面临金融加大贫富差距、金融过度市场化操作、金融危机短周期发作等诸多问题。基于中国国情和未来老龄社会新的结构性金融需求来建构金融体系，这是一个需要我们重新审视的重大课题。我们既需要吸取国外金融模式的教训，更要结合正在变化的基本国情，最重要的是面向未来老龄社会长期性和结构性的需求，我们不能仅仅从金融体系的技术性改良上做文章，而是要从全局战略上重新做出谋划。实际上，上述许多问题都需要重新检视。例如，社会保障制度如何适应人口高龄化的现实需要，把老年期贫困、疾病、失能等风险分开运作，单方面从养老社会保障制度上推出第三支柱，是否行得通；商业保险运行过程中存在长钱短做、融合实体经济不足、运作不规范、队伍建设水平滞后等许多深层次问题；未来金融混业经营是大势所趋，如何实施应对人口老龄化的金融战略还没有完全破题，金融产业融合老龄社会新生的产业如何发展，目前还只是起步阶段，未来还有诸多细分问题和系统性问题都需要深入探究；如何监测监管老龄金融资产与实体经济产业的协调发展，这些问题也需要从战略上、政策上、统计上、审计上做出新的谋划。未来发展老龄金融产业，需要做出金融创新的领域和空间将是巨大的。

老龄金融产业的发展趋势

未来全球经济将转型成为老龄经济，其中，发展老龄金融产业举足轻重，关系中国应对老龄社会的成败，关系未来老龄经济的长期稳定繁荣。未来的发展趋势十分清晰。

第一，绝大多数人及其家庭将成为老龄金融客户。关于中国老龄金融资产规模还没有相应的统计数据，但业内普遍认为，中国的老龄金融产业发展空间巨大，至少到2035年，中国大多数人及其家庭至少拥有一份以上老龄金融产品（如保单、基金或信托）。

第二，**混业经营将成为未来老龄金融产业的重要模式**。这不仅仅是基于金融产业内部运行的业务逻辑，更重要的是，混业经营更符合金融客户的综合需求特征。在老龄社会，为确保全生命周期健康长寿生活的金融需求，客户既需要长钱金融服务（如健康保险和高龄基金），也需要传统金融服务（如银行储蓄）；既有大额资金的信托保全需要，也有可能需要闲散资金参与股市运作；既有健康人身方面的金融保障需要，也有不动产方面的金融保障需要；既有投融资方面的需要，也有消费方面的需要；既有金融方面的需要，也有非金融的关联生命事件需要（子女上学、家人健康、医疗、康复以及各种意外风险防范安排，还有旅行、休闲等）；既有生前金融保障需要，也有死后金融安排需要（如遗产筹划）。更重要的是，客户还有终生保障的长期金融需要，这种需要既可能包含绑定个人终生的需求，也可能包含绑定家庭代际财富的延续。这就决定了不同金融业务部门分头面向客户开展业务不仅难以对接客户需要，金融业务本身的开展也会面临业务边界的约束。这说明未来金融产业的分业经营模式必然会面临路越走越窄的态势，而混业经营模式必将赢得客户的青睐，并成为未来金融产业的重要经营模式。但需要强调的是，这里的混业经营有两层含义：一是金融产业内部各业务的混业经营；二是与客户日常生活紧密关联的非金融实体经济业务的混业经营。这是未来老龄金融产业快速成长的关键。这也要求，老龄金融产业从业人员不仅要懂金融业务，还要懂老龄社会的基本金融需求，更要懂长寿时代与人们日常生活紧密关联的相关实体经济业务。

第三，**所有金融机构都需要开展老龄金融业务**。目前，中国的老龄金融产业体量还不大，许多金融机构尚未开展老龄金融业务。至于相关业务、技术、人才、基础设施、网络等方面的准备更是无从谈起，这是需要引起高度重视的。金融机构应当研究：老龄金融产业的未来趋势究竟是什么？具体的需求清单和优先细分业务需求是什么？金融企业的长远发展战略如何定位？如何从技术、人才等方面做好准备？未来的风险防控战略如何确定？金融业务与非金融业务如何混合发展？对于金融产业界来说，问题不是要不要做老龄金融业务，而是如何才能在老龄金融产业发展中赢得持续胜局。

第四，老龄金融产业与实体经济产业的主动相互融合将成为新的趋势。一方面，老龄金融业务的开展不仅仅在于长钱规模的快速扩大，更在于相关长钱资本与实体经济产业的关联发展。另一方面，实体经济产业的开展离不开作为媒介经济的金融业务的持续支撑，这就要求实体经济企业不仅要懂金融业务，更要懂老龄金融业务，并从中找到发展机遇。伴随老龄经济的深度发展，金融业务与实体经济业务的边界将日益模糊，金融家有可能也是相应实体经济细分领域的专家，而实体经济细分领域的企业家有可能也是金融专家，甚至是老龄金融专家。这是未来老龄经济作为新经济的一个重要标志。金融是媒介经济，是如同高速公路那样的载体，今后不仅需要修路，更得关心路上应当运载什么。

第五，老龄金融融合实体经济的业态将日益丰富。目前，老龄金融产业融合实体经济产业发展才刚刚起步。其中，关联开发的实体产业既有传统产业也有老龄产业，诸如保险＋养老、养老地产、康养小镇、文旅小镇、CCRC、生物制造、智能制造、新能源开发、新材料开发，以及关联业态诸如健康金融、医疗金融、教育金融、文化金融等。这些新的业态正在探索出新，未来的发展业态将层出不穷。长期来看，未来在市场中占据主流的业态将是那些老龄金融资产与老龄产业实体经济紧密结合的业态。一方面，金融作为媒介经济必须在基于老龄社会和长寿时代需求的实体经济中找到自己的出路；另一方面，日益膨胀的基于老龄社会和长寿时代需求的实体经济，需要金融特别是以长钱为核心的老龄金融作为资产配置的底盘。由此，不仅金融体系将迎来向长钱金融和慢钱金融的历史性转变，而且更加适应老龄社会和长寿时代需要的新实体经济将取得长足发展，并推动社会经济转向老龄经济。

第六，跨境金融业务快速成长。作为长钱金融的老龄金融是决定未来全球金融格局的战略高点。只有拥有雄厚的老龄金融资产池，金融产业才能驰骋世界，才既能服务本国的实体经济，又能服务国际实体经济。目前，发达国家的老龄经济发展态势已成定局，但未来的老龄经济及其业态还在积极酝酿发育中，还有更多新领域需要探索开发。老龄金融产业必然是未来人民币国际化战略的重中之重。

第七，老龄金融经济和实体经济均衡发展的系统监测综合能力，是未来老龄金融发展的关键。老龄金融体量巨大，特别是在混业经营模式下将会伴随"60后""70后"退休大潮迎来快速大发展、大繁荣的新时代。未来的一个重大课题是，伴随老龄金融的快速成长、混业经营模式的广泛运用，如何监测巨量长钱资产与实体经济的均衡发展，这是未来防范系统性金融风险的关键。这就要求监管方和被监管方共同努力，建立和完善新的金融监测体系。其中，核心问题是建立相应监测指标。

第八，普惠金融迎来大发展。如前所述，老龄社会每一个人都是老龄金融客户，金融机构需要经营老龄金融业务，实体企业要懂得如何使用长钱金融，这些都是大众金融时代到来的重要标志。老龄金融要实现全民共同富裕，站位大多数人的普惠金融将是未来老龄金融的根本。简言之，老龄金融就是普惠金融、人本金融、人民金融、社会主义金融。在这方面，如何实现普惠金融，还有许多问题需要探索。否则，每一个长寿人在老年期必然陷入痛苦，这正是作为社会主义金融的老龄金融产业要解决的问题。

第十二章
重塑经济产业体系

世界上有两样东西最有力量，

一个是剑，一个是思想，而思想比剑更有力量。

—— [法] 拿破仑

过去，经济发展建基于人口增长的社会需求结构，
未来，经济面临的是人口负增长的新的需求结构，
我们必须重建新的经济发展观，
重构适应老龄社会要求的新的产业体系。

正确发挥科技在老龄经济中的作用

老龄经济蕴含的海量消费需求，必然催生一系列新生科学技术，甚至会形成新一轮科学技术创新浪潮，对于应对老龄社会和开发巨大消费潜能至关重要。因此，站位人本经济，研究老龄经济蕴含的科学技术创新需求清单，加大公共财政和企业投入，研发匹配长寿时代和老龄社会要求的新型长寿科技、健康科技、医疗科技、生活和生命服务科技以及教育科技、金融科技等，是实施积极应对人口老龄化国家战略的重中之重。

对于中国来说，发展老龄科技需要关注以下重要问题：一是高扬科技应用的人本经济站位，即发展科技不是为少数人致富服务，而是为了提高人民生活和生命质量服务；二是发展生育友好型科学技术，针对生殖需要及其相关技术痛点，大幅提升生育技术服务综合能力，解决生育生殖难题；三是发展就业友好型技术，避免机器甚至智能机器人排挤人力，造成失业矛盾加剧；四是发展健康、长寿和抗衰老技术，提高相关综合服务能力；五是加大现代医疗医药技术创新，走自主创新之路，严格限制医疗科技资本站位的产业化，探索医疗科技乃至整个科学技术应用的中国特色的产业化道路；六是加快发展中医药应用技术，建立中医药应对老龄社会相应问题的技术创新和应用体系，走人本技术经济产业化道路。

公共财政在经济转型中的作用

公共财政体系面临的严峻挑战

从理论上来说，以人口老龄化为标志的向老龄社会的历史性转变带来的深刻挑战之一，就是给公共财政体系带来的压力。一方面，年轻人口减少和老年人口增多意味着纳税人口减少和用税人口增多，从根本上改变原有公共财政税源结构。另一方面，用税人口的增多意味着公共财政支出结构的重新调整。虽然用于少儿人口的公共财政压力在减小，但用于老年人口的公共财政压力日益加大。从老龄社会先行的发达国家历程来看，向老龄社会的转变，社会公共财政支出压力呈现高速增长趋势。这也是许多国家应对老龄社会过程中的重大问题之一。

人口老龄化只是影响公共财政体系的一个重要方面，但人口老龄化标志的社会转型同时也是经济转型，即原有经济结构、经济组织方式和经济发展方式需要做出重大系统性调整，以便适应老龄社会的需要。在这一经济转型过程中，一方面，原有产业结构中许多细分产业面临运行困难、倒闭，例如许多面向年轻人口提供产品和服务的企业，由于老龄化快速发展而失去产业市场，甚至沦为夕阳产业，被迫转型甚至破产的比比皆是；另一方面，面向日益增多的中老年人需求应运而生的产品和服务，因为老龄经济产业尚处于生长培育阶段，不仅产业模式不成熟，产业政策以及运作环境等诸多方面存在问题。总体来看，年轻人口的消费在减少，而中老年人口的有效消费又难以快速增长，这一阶段的经济运行难免缺乏活力，对公共财政体系造成的压力和挑战更为深刻。这也是许多发达国家公共财政压力大的原因之一。

从某种意义上说，社会转型的底基是公共财政体系，经济转型对公共财政体系的依赖性更大。未来，人口老龄化标志的老龄社会转型和老龄经济转型对公共财政体系的长期性压力是史无前例的，也是各国政府公共财政发展历史上遇到的最难应对的长期性压力，而且这一压力还将伴随老龄社会向超老龄社会深度演进而与日俱增。

实施适应老龄社会要求的公共财政战略

目前，关于老龄社会给我国公共财政体系带来的长期性压力问题，已经引起相关部门的高度关注。我国正在进行相关重大问题的研究，结合国家总体战略，制定实施应对老龄社会的中长期公共财政国家战略。其中，对发展老龄经济产业，推动转向适应老龄社会要求的经济体系所需要的公共财政战略做出安排，主要有以下方面。

第一，创新公共财政理念。建构适应长寿时代和老龄社会要求的新的公共财政理念，最重要的就是年龄平等理念，即公共财政资源在青少儿人口、中壮年人口和老年人口三大年龄群体之间的大致均衡。年龄平等公共财政理念也是确保三大年龄群体消费能力相对均衡的重要政策理念。否则，老龄社会的经济持续发展将面临失衡风险。

第二，实施强国壮地富民公共财政政策。从保险学原理来说，老龄社会的风险挑战是集中化、整体化风险，化整为零的分散风险战略是基础性战略。例如，实施藏富于民政策，降低个人和家庭的税收负担，提高个人的全生命周期健康长寿和财富能力，为老龄经济产业持续开发奠定基础，创造更多的企业税收来源。给地方更多自主权，适当减轻地方上缴税收的压力，强力支持地方经济发展，鼓励地方发展老龄经济产业，培育地方政府依靠发展地方经济收取税收的能力，加快转变依靠土地财政或者依靠转移支付的困局。全面深化国有企业改革，提高效率，为国家税收总盘子提供更多来源。此外，国家和地方都要建立老龄经济产业发展基金，引导企业开发相关产品和服务。

第三，开辟新税收渠道。研判现有资源、收入、资产分配格局，从适应老龄社会需要出发，针对贫富差距问题，开征新税收，建立应对老龄社会国家紧急基金，提高国家公共财政应对老龄社会风险的整体能力。

第四，培育老龄经济产业能力。针对老龄经济产业企业实施低赋税和递延税政策，涵养其综合能力。同时，针对相关产品和服务实施政府购买和平等税收政策，即购买即收税的政策。此外，根据老龄经济产业企业成熟后及其发展能力制定相应精准化、阶段性税收政策。

第五，研判老龄经济产业各板块产值利润结构变动趋势，研究制定老龄金融产业服务实体经济的公共财政政策，全面提升老龄金融产业与实体经济均衡发展的监测能力，以及财政政策、货币政策宏观调控能力。

老龄经济产业组织的成长

长寿时代需要长寿企业

长寿时代已经到来，海量老龄经济产业市场正在快速成长。根据美国《财富》杂志报道，美国中小企业平均寿命不到 7 年，大企业平均寿命不足 40 年。中国民营中小企业的平均寿命大体是 2.5 年，集团企业的平均寿命和美国中小企业的平均寿命不相上下。这种状况不利于老龄经济产业的发展，拥有复杂而长时段需求的消费者期望长寿企业，但供给端的企业寿命却难以延长。因此，研究企业寿命以契合老龄经济产业发展，这是未来经济的一大命题。

从全球来看，中国的国有企业最有条件做成长寿企业，但也必须针对老龄社会进行全面改革。我们要在培育长寿企业上提早进行战略性布局，这是未来开发老龄经济产业市场的大事。

老龄经济是长期经济、长寿经济和长钱经济，从需求端来看，伴随人们寿命延长，全生命周期连续性需求特别是人生后半场需求属于内生性长期需求，人们更愿意把自己的需求交给长寿企业来打理。人们都期望自己信任的企业商运长久，如此方能长久得到自己偏好的产品和服务。对此，相关部门和企业界需要引起高度关注，要从"长久"上做文章。从产业模式来看，未来老龄经济产业发展的主流产业模式是混合运营模式，不仅国有企业和民营企业可以采取混合所有制和运营分离等模式，而且金融和实体经济也可以混合运作。在这种情况下，企业寿命就成为至关重要的问题。从长远和全局来说，长寿企业有利于就业稳定、收入分配稳定，从而有利于宏观经济稳定。

实施有效长寿企业战略

老龄经济的健康持续发展关系未来建设理想老龄社会的根基，培育和建设一大批有效寿命较长的老龄产业企业作为开发老龄经济产业的主体，这是国家的重大战略选择，也是高质量发展的根本途径。为此，需要研究实施有效长寿企业成长战略，开展相关国家和地方工程。一是培育一批国有企业从事老龄经济产业开发，推动效益不高的国有企业转型发展老龄经济产业。二是在老龄经济产业的重点领域，诸如老龄健康、老龄制造、老龄宜居、老龄文化、老龄服务等实行混合所有制，采取所有权和经营权分离改革，为国有企业增加活力，为民营企业扩大发展空间。同时，适时开展社会企业试点，探索新的企业形式。三是选择一批金融机构和老龄经济实体产业企业（如规模性老龄服务机构），开展面向中老年人的后半生综合性服务试点。四是选择势头好、潜力大、队伍稳定的中等规模老龄产业企业重点扶持，从土地、金融以及营商环境等方面给予大力支持。五是加大未来关系老龄经济产业长远发展的生物、健康、抗衰老、人工智能等关键技术的研发力度，为企业提供技术支持，逐步建立企业为主体的老龄科技研发扶持制度。六是加强老龄经济产业细分行业组织建设，定期发布相关市场动态讯息，指导企业长远发展，并加强行业监管，确保企业短期行为早发现、早制止。最后，值得强调的是，长寿企业也有自身缺陷，容易形成垄断，这是市场监管部门应当关注的。

正如著名经济学家戴尔·麦康基所说："有什么样的战略，就应有什么样的组织结构。然而这一真理往往被人们忽视。有太多的企业试图以旧的组织结构实施新的战略。"面对长寿经济，打造长寿企业，企业家首先要有相应的战略谋划。如此，实施有效长寿企业的国家战略才能落到实处。

老龄经济的前景

老龄经济究竟应当是什么样的样态，我认为主要有以下几个特征。

第一，未来的老龄经济是人本经济。只有站位大多数人、追求合宜合意利润的人本经济，才有可能为建设理想的老龄社会创造物质财富、服务财富和精神财富基础。这是事关未来经济发展方向的核心经济理念。我们需要结合经济主体结构的老龄化及其带来的整个社会形态的变迁，研究新的经济结构和新的经济发展方式，也就是具体而微地探讨老龄经济的结构、特征、方式、规律和方向等问题。这是事关中国经济未来发展方向的问题，是事关人们全生命周期健康长寿和有意义的生活所要求的根本性问题，也是事关未来全球迈入老龄社会之后的长远经济问题。

第二，未来的老龄经济是设限的适度物质经济。根本是要处理好人与自然的"天人合一"关系，具体来说就是在修复、保护和正确利用自然、环境、资源的前提下，物质生产和人的自身生产的统筹协调。关于在物质生产上做到"天人合一"，保护环境、污染治理、应对气候变化等已经取得全球共识，现在要做的就是在全球治理体系不断完善过程中各个国家应身体力行。关于人的自身生产的问题，不仅要做到"天人合一"，控制好人口数量与自然承载力的关系，更重要的是把人口年龄结构控制在过度老龄化警戒线（60岁以上人口占总人口的40%）以下。未来理想的人的自身生产模式是总量适度下的准静止人口，即人口总量总体下降、人口出生率在更替水平上下（总和生育率为2.1）、出生人口和死亡人口大致均衡。从人口发展来说，人的自身生产将从盲目生产（从高生育率、高死亡率导致总人口低增长，到高生育率、低死亡率导致总人口高增长），到控制生育造成人口年龄结构失调（低生育率、低死亡率），再到全面统筹控制人口发展（总量适度、出生率和死亡率适度均衡、人口年龄结构控制在过度老龄化警戒线以下）的未来新阶段。这一过程将十分漫长，但这既是人的自身生产模式的理想，更是"天人合一"观念下物质生产的内在逻辑。总体来看，物质经济增长存在自然逻辑的严格约束，未来物质经济发展的主题不是无限度增长问题，而是高质量、可持续、低波动的问题。

第三，未来的老龄经济是传达人文价值和生命意义的服务经济。

长寿时代和老龄社会带来的生活和生命服务市场需求强劲增长，相应的服务经济产业日益成为许多国家新的最具成长性的朝阳产业。消费者将会选择传达人文价值和生命意义的企业和组织。因为迈入长寿时代和老龄社会，人们渴望价值和意义，他们的有效需求将成就一大批人本经济集团企业。这是未来老龄经济特别是老龄社会服务经济的根本逻辑。

第四，未来的老龄经济是不设限的向上精神经济。理想老龄社会的前提就是物质经济富足而稳定。因此，在理想老龄社会，追求精神生活将成为新的规模性的强劲需求，发展精神经济将成为大众经济。从个体全生命周期来说，人的身体会经历由盛而衰的历程，但在功能健康的情况下，人的精神生活周期更长，而且，向上精神是健康长寿的第一秘密。因此，面向每一个提供连续性精神产品和服务，特别是面向每一个人提供生命下半场丰富的精神产品和服务，是未来老龄经济的新方向。

第五，未来的老龄经济是受约束的媒介经济。站位人本经济，劳动是创造财富的唯一源泉，媒介经济是劳动创造财富的工具和载体。在老龄社会，媒介经济不能超越媒介这一边界，更不能成为异化人的机制，需要按照人本经济的内在要求重新安排。在全球供应链背景下，国家间利益格局界限还将继续制约世界媒介经济顺畅运行，而合作特别是战略性合作将是今后世界媒介经济的主流和常态。

自从法国第一个步入以人口老龄化现象为标志的老龄社会以来，所有发达国家均已步入老龄社会，人口最多的发展中国家中国也于1999 年步入老龄社会，2020 年，第二人口大国印度也步入老龄社会。预计到 21 世纪末，全球所有国家将迈入老龄社会。这种现象是人类历史上史无前例的真正的趋同现象，不仅超越社会模式和社会制度，而且超越宗教文化，这一重大人类趋同现象及其引发的席卷全人类、关涉全领域、影响最久远的新挑战，被联合国称为"人类共同面临的问题"。人类正处于十字路口，而我们恰好躬逢这一重大历史时期，未来的发展前景问题已经引起全球的普遍关注，需要我们做出深刻考量。

有人可能认为，人口老龄化仅仅标志全球人口发展模式的趋同，但问题在于，为什么人口发展模式会出现这种趋同现象？背后的演化机制是什么？这是一个重大人类课题，需要做出更为全面深刻的研究才能解答。这里，更重要的问题在于，在老龄社会趋同现象的演化过程中，原有迥异的经济模式是否会出现趋同现象？未来不同国家的经济模式将会出现哪些差异？针对这些问题，我们现在还很难做出回答。但是，从物本经济转向人本经济势不可当这一点来说，未来老龄社会整个经济最终将走向大多数人站位的经济，也就是适应老龄社会的经济，或称老龄经济、大众经济。这是经济发展的历史逻辑。

未来老龄社会，我们相信，中国不但能够发展好老龄经济，而且会和更多国家一道，为共同建设理想的老龄社会走出一条新路子。这也是老龄社会趋同背景下构建人类命运共同体的某种解答。

老龄经济的革命正在席卷全球，未来将彻底改变经济发展的现有格局和形态。历史上还没有哪一次经济革命像老龄经济那样深度波及所有人。简言之，和农业经济革命、工业经济革命、知识（智能、信息）经济革命不同，老龄经济的革命性在于，它将把每一个人都塑造成为经济变局中的主动当事人。未来经济面临的是人口负增长的老龄社会新的需求结构。如何组织和发展经济，我认为，需要重建新的经济发展观，重构整个经济产业体系，建构老龄经济，并伴随老龄社会向超老龄社会的深度演化重塑未来新经济。老龄经济是关系所有人和组织的经济代数题，任何人和组织都要把自己代入并进行长远考量计算。换言之，老龄经济需要每一个人把自己塑造成为成功长寿经济人，更需要一大批长寿企业励精图治。

当我们思考老龄社会的经济问题时，实际上我们是从经济层面切入人类的前途命运问题。站位他人，站位大多数人，站位人民，全面提升对老龄社会衍生的经济需求的咬合能力，这是赢得老龄经济胜局的第一要务。

后记

　　若干年前，第一次听到"新经济"的时候，我着实兴奋了好几天。自从研究老龄社会以来，特别是 2004 年出版《老龄社会引论》以来，我一直考虑，新的老龄社会和传统社会作为两种不同的社会形态，各有各的经济，这两者是不同的，当然也是有关联的。尽管1995 年我已经深感"把老龄问题等同于老年人问题以及老年人的养老问题，即老年人的吃喝拉撒睡的问题"等提法存在一些认识偏误，并发表了许多文章给予批判。但迄今为止，老龄社会问题被当成老年人越来越多以及老年人健康、养老问题的舆论氛围依然如故。在这种情况下，仅仅用"养老经济""银发经济"的概念，来指称老龄社会的经济问题，的确是"螳螂拉车"。即便用老龄产业概念，我也感到难以表述老龄社会的经济这一宏大概念。因此，当听到"新经济"概念的时候，我着实兴奋不已。但是，后来经过仔细探究发现，这些所谓的"新经济"，包括互联网经济、共享经济等新经济，都不过是在现有经济体系上增加一个新的板块，或者转换一种方式。而我所设想的新经济，既不是在原有经济体系之上增加一个新的板块，也不只是一个新的经济发展模式。从本质上来说，它是适应老龄社会的新的经济体系，简称"老龄经济"，也可以叫作"未来经济"，即服务人人长寿和老龄社会有效需求的新经济体系。老龄经济革命的大幕已经拉开，作为农业革命、工业革命之后的新经济，它也许预示着第三期人类文明，即人本经济文明。

老龄社会是一个宏大的题目，涉及方方面面。老龄社会的经济问题一直是我关注的一个方面，但就是理不出头绪，而且主流经济学几乎很少有人讨论。最早让我在研究道路上看见曙光的是于学军研究员（现任国家卫健委副主任）1995年发表的《中国人口老化的经济学研究》一文，反复阅读该文，我慢慢找到了纵深研究的思路。从某种意义上说，对于研究者来说，最大的困境就是深入不下去。1996年我从朋友处拿到该论文扩充后的专著，认真研读，收获颇丰。后来迫于生计，研究耽误了几年。但我一直希望能从经济学视角切入老龄社会这一宏大课题。1999年我被借调到全国老龄工作委员会办公室工作，日常工作繁忙，这一研究也暂行搁置。但老龄工作的实践使我深切感受到老龄经济问题的重要性。2004年在职考入南开大学经济学院，目的在于通过系统学习经济理论，以便树立经济思维来观察老龄社会。2005年，我看到中国社会科学院李军研究员的著作《人口老龄化经济效应分析》，反复研读后感到这确实是一个新的研究领域。同时，我也注意到国际理论界最前沿的理论进展就是复杂性理论（1988年我考入中国人民大学哲学系攻读硕士期间已深深被这一新的科学动向吸引，当时叫作混沌理论）。我了解到目前的中外经济学理论，还无法解决老龄社会的经济问题，所以希望从复杂性理论中找到灵感。总之，从在职攻读博士学位以来，在老龄社会的重大经济问题上，我有了一些粗浅的想法。2009年面见李军研究员之后，通过多次交流，他的许多观念和思路给予我深刻的启发，并在于学军研究员研究思路的基础上，形成一些框架性的想法。后来，在反复研读布莱恩·阿瑟所著的《复杂经济学》之后，我的相关思路基本形成闭环。因此，本书可以说是我20多年来研究老龄社会相关经济问题的初步总结。

总的体会是，老龄社会应当有老龄社会的经济学，中国甚至世界都是实验场。

关于老龄社会，要研究的问题着实太多，仅就老年人问题，除了养老、医疗、照护、宜居、精神、参与、权益维护等，还有老年痴呆、老年跌倒、留守等诸多问题。全生命周期的老龄问题也几乎是一个问题群，至于宏观上老龄社会整体层面的问题更多。无论是问题解决的紧迫性，还是呼吁、倡导以及政策建议、回应老百姓的需求等，这些都需要研究。但是，我觉得，需要有一部分人，真正从学理、理论、老龄科学学科体系层面潜心研究，以便为认识、理解、把握和解决所有老龄社会的问题提供一个理论分析框架。否则，大家一拥而上，都去解决老龄社会的问题，就会失去头绪。这也是多年来我坚持自己的学术研究路线的一个重要依据。毕竟，老龄社会的到来和应对以及建设理想的老龄社会，原有社会的观念、构架从不适应到适应老龄社会的重大社会转型，其间的最大问题不在于问题本身，而在于这些问题生发的逻辑，这就是老龄社会的基本规律。为此，我的研究焦点就是：老龄社会究竟是怎么回事？当这样做研究的时候，容易给人造成一种印象，那就是我做的研究似乎只是一种学术研究。甚至还有部分人认为，我提出的观点只是学术主张，而不是相关政策，更不是国家意志。这样评价似乎是有道理的。但问题在于，那些能够成为相关政策甚至上升为国家意志的政策建议的支撑在哪里？答案只有一个，这就是关于老龄社会的基本逻辑或者基本规律。因此，我郑重声明，虽然我的研究看起来远离街谈巷议的热点问题，但在根本上所有观点的指向正是所有现象层面表现出来的问题，我所做的只不过力图再深入一些。

需要指出的是，老龄经济是一场革命，不仅宏观经济基本面会出现颠覆性重塑，中观上的产业体系也会出现重大变化，至于微观上的变化更是全方位的。总体看，未来老龄经济的伟大变迁着实是一个宏大叙事式的人类现象。由于篇幅所限，许多问题虽然我已积累了相应素材，也有很多具体想法，但只能做浮光掠影式的交代，目的在于引发对未来总体经济趋势的思考。相关具体问题，我们以后还可以进行细分讨论。

非常感谢于学军研究员的论文和著作给我最初研究老龄经济问题提供了初步分析框架，非常感谢李军研究员的研究成果为我的纵深研究打开了思路，非常感谢原新教授长期给予我的学术关怀，感谢李志宏博士日常的学术交流，感谢王莉莉研究员、杨晓奇副研究员、董彭涛副研究员及其所在的老龄经济与产业所长期的努力。

感谢任琦、王友广等专业界人士，他们的修改意见使本书的思路更接地气。

感谢中信出版集团墨菲分社的许志、王晓春、王玲对本书所做的编辑工作，她们对本书提出的修改意见不仅提升了可读性，而且使我收获良多。

节假日埋头写作，疏忽了家人，也对不住老领导、老同事、老朋友。既欠家人，又欠亲友，我只能以此书来偿还！

感恩我的爱人邓佑玲教授。旧小说里有一个"夫妻恩情"的说法，我一直不太懂。有"情"是可以理解的，但哪来的"恩"？几十年下来，日常的拌嘴和无数严肃探讨，她的聪慧常常让我豁然开朗。说实话，有一位可以懂你的爱人，这种幸福只能天赐，可遇不可求，"恩情"是也！

参考文献

1. 舒小昀．工业革命定义之争［J］．史学理论研究，2006，（3）．

2. 蔡昉．中国经济面临的转折及其对发展和改革的挑战［J］．中国社会科学，2007，（3）．

3. 邬沧萍．积极应对人口老龄化理论诠释［J］．老龄科学研究，2013，（1）．

4. 陆杰华，王伟进，薛伟玲．中国老龄产业发展的现状、前景与政策支持体系［J］．城市观察，2013，（4）．

5. 党俊武．老龄金融是应对人口老龄化的战略制高点［J］．老龄科学研究，2013，（5）．

6. 杨甜甜，朱俊生．我国延迟退休改革方案探讨［J］．老龄科学研究，2014，（4）．

7. 胡继晔．住房反向抵押贷款：国外经验、风险因素及发展展望［J］．老龄科学研究，2014，（11）．

8. 原新，王丽．中国城乡老年人休闲生活频率影响因素的比较研究［J］，老龄科学研究，2015，（5）．

9. 张同功，白飞野．发达国家老龄产业融资支持的经验及启示［J］．老龄科学研究，2017，（2）．

10. 党俊武，老龄健康学理论是应对老龄社会的重要顶层思维［J］．

老龄科学研究，2020.（1）.

11. 李详臣、俞梦孙，主动健康：从理念到模式［J］. 体育科学，2020（02）.

12. ［日］日本经济新闻社. 老龄化社会——无形的革命［M］. 北京：人民出版社，1987.

13. ［美］维克托·R·富克斯著，许微云，万慧芬，孙光德译. 服务经济学［M］. 北京：商务印书馆，1987.

14. 韩民青. 物质进化论的人本哲学［M］. 南宁：广西人民出版社，1994.

15. 于学军，中国人口老龄化的经济学研究［M］. 北京：中国人口出版社，1995.

16. ［日］山本二三丸著. 王处辉译. 人本经济学［M］. 东方出版社，1995 年版.

17. ［美］约翰·拉塞尔著. 陈世怀、常宁生译. 现代艺术的意义［M］. 南京：江苏美术出版社，1996.

18. 李向民. 精神经济［M］. 北京：新华出版社，1999.

19. 陈惠雄. 人本经济学原理［M］. 上海：上海财经大学出版社，1999.

20. 汝信主编. 王瑗、朱易编著. 西方建筑艺术史［M］. 银川：宁夏人民出版社，2002.

21. 党俊武. 老龄社会引论［M］. 北京：华龄出版社，2004.

22. 张昊. 老龄化与金融结构演变［M］. 北京：中国经济出版社，2008.

23. ［美］亨利·欧内斯特·西格里斯特. 疾病的文化史［M］. 北京：中央编译出版社，2009.

24. 高见. 老龄化、金融市场及其货币政策含义［M］. 北京：北京大学出版社，2010.

25. ［美］詹姆斯·H·舒尔茨，裴晓梅等译．老龄化经济学［M］．北京：社会科学文献出版社，2010.

26. ［英］斯科特·拉什．西莉亚·卢瑞著．要新乐译．全球文化工业［M］．北京：社会科学文献出版社，2010.

27. ［英］乔治·马格纳斯著．余方译．人口老龄化时代［M］．北京：经济科学出版社，2012.

28. 贾旭东．文化发展的理论与政策［M］．北京：社会科学文献出版社，2013.

29. ［美］罗纳德·英格尔哈特著．张秀琴译．发达工业社会的文化转型［M］．北京：社会科学文献出版社，2013.

30. 李军．中国老龄产业发展预测研究［M］．北京：社会科学文献出版社，2014.

31 党俊武．中国老龄产业发展报告［M］．北京：社会科学文献出版社，2014.

32. 全国老龄工作委员会办公室．国家应对人口老龄化战略研究总报告［M］．北京：华龄出版社，2015.

33 郑秉文主编．中国养老金发展报告（2015）［M］．北京：经济管理出版社，2015.

34. 党俊武．老龄社会的革命［M］．北京：人民出版社，2015.

35. 杨燕绥主编．中国老龄社会与养老保障发展报告（2013）［M］．北京：清华大学出版社，2016.

36. ［美］威廉·戈兹曼著．张亚光．熊金武译．千年金融史［M］．北京：中信出版集团，2017.

37. 党俊武、周燕珉主编．中国老年宜居环境发展报告［M］．北京：社会科学文献出版社，2016.

38. ［日］增田宗昭著．王健波译．知的资本论［M］．北京：中信出版集团，2017.

39. 李志宏．大国应对之道［M］．北京：华龄出版社，2018.

40. 董克用，姚余栋主编．中国养老金融发展报告（2018）［M］．北京：社会科学文献出版社，2018.

41. ［英］琳达·格拉顿，安德鲁·斯科特著．吴奕俊译．百岁人生［M］．北京：中信出版集团，2018.

42. 党俊武．超老龄社会的来临［M］．北京：华龄出版社，2018.

43. ［美］布莱恩·阿瑟，复杂经济学［M］．杭州：浙江人民出版社，2018.

44. ［美］约瑟夫·F·柯佛林．许恬宁译．银光经济［M］．台北：远见天下文化出版股份有限公司，2018.

45. ［美］马克·E·威廉姆斯著．赵婕译．优雅老去的科学与艺术［M］．北京：中国工信出版集团、人民邮电出版社，2019.

46. 张战等．构建人类命运共同体思想研究［M］．北京：时事出版社，2019.

47. ［英］琳达·格拉顿，安德鲁·斯科特著．舍其译．长寿人生［M］．北京：中信出版集团，2020.

48. 党俊武，王莉莉主编．中国老龄产业发展及指标体系研究［M］．北京：社会科学文献出版社，2021.

49. Sauvy, A. , Social and Economic Consequences of the Ageing of Western European Population[J]. Population Studies, 1948, (2).

50. United Nations, The Aging of Populations and Its Economic and Social Implications[J]. Population Studies, No. 26, 1956.

51. Chambers, J. D. , Population, Economy, and Society in Pre-Industrial England[M], Oxford University Press, 1972.

52. William, C. B, Aging: Its Challenge to the Individual and Society [M], New York, 1974.

53. United Nation, Vienna International Plan of Action on Aging, New York, 1983.

54. OECD, Maintaining Prosperity in an Ageing Society, 1998.

55. WHO. 2002b. Global Survey on Geriatrics in the Medical Curriculum [M]. Geneva: World Health Organization.

56. United Nation, Madrid International Plan of Action on Aging, New York, 2003.

57. United Nations, World Population Prospects: The 2019 Revision [R].